# Atração e seleção de pessoas

Central de Qualidade — FGV Management
ouvidoria@fgv.br

**PUBLICAÇÕES**
**FGV Management**

SÉRIE GESTÃO DE PESSOAS

# Atração
# e seleção
# de pessoas

3ª edição

Reinaldo Faissal
Antônio Eugênio Valverde Mariani Passos
Márcia da C. Furtado de Mendonça
Walnice Maria da Costa de Almeida

**FGV** | EDITORA IDE

Copyright © 2015 Reinaldo Faissal, Antônio Eugênio Valverde Mariani Passos, Márcia da Costa Furtado de Mendonça, Walnice Maria da Costa de Almeida

Direitos desta edição reservados à
EDITORA FGV
Rua Jornalista Orlando Dantas, 37
22231-010 — Rio de Janeiro, RJ — Brasil
Tels.: 0800-021-7777 — 21-3799-4427
Fax: 21-3799-4430
editora@fgv.br — pedidoseditora@fgv.br
www.fgv.br/editora

Impresso no Brasil / Printed in Brazil

Todos os direitos reservados. A reprodução não autorizada desta publicação, no todo ou em parte, constitui violação do copyright (Lei nº 9.610/98).

Os conceitos emitidos neste livro são de inteira responsabilidade dos autores.

1ª edição — 2005
2ª edição — 2009
3ª edição — 2015

Preparação de originais: Sandra Frank
Editoração eletrônica: FA Studio
Revisão: Fernanda Mello
Capa: aspecto:design
Ilustração de capa: André Bethlem

    Atração e seleção de pessoas / Reinaldo Faissal... [et al.]. —3. ed. — Rio de Janeiro : FGV Editora, 2015.
    180 p. — (Gestão de pessoas)

    Em colaboração com Antônio Eugênio Valverde Mariani Passos, Márcia da Costa Furtado de Mendonça Walnice Maria da Costa de Almeida.

    Publicações FGV Management.
    Inclui bibliografia.
    ISBN: 978-85-225-1669-8

    1. Administração de pessoal. 2. Pessoal — Seleção. 3. Concorrência. 4. Comportamento organizacional. I. Faissal, Reinaldo. II. Passos, Antônio Eugênio Valverde Mariani. III. Mendonça, Márcia da Costa Furtado de IV. Almeida, Walnice Maria da Costa de. V. FGV Management. VI. Fundação Getulio Vargas. VII. Gestão de pessoas (FGV Management)

CDD — 658.3

*Aos nossos alunos e aos nossos colegas docentes, que nos levam a pensar e repensar nossas práticas.*

# Sumário

Apresentação 11

Introdução 15

1 | O processo de atração e seleção como vantagem competitiva 19
Perspectiva estratégica do processo de atração
e seleção 19
O ambiente externo das organizações
contemporâneas 22
Do Departamento de Pessoal à gestão estratégica
de pessoas 26
Competências e a construção de vantagens
competitivas 29
Perfil de competências 35

**2 | O processo de atração 45**
Mercado de trabalho 46
Por que atração? 47
Estratégias de atração 49
Atração externa 50
Atração interna 51
Meios ou fontes de atração 51

**3 | O processo de seleção 65**
A triagem 66
A avaliação dos candidatos 70
A decisão final 78
*Feedback* aos participantes 82
Ambientação dos novos empregados 85

**4 | As técnicas de seleção 93**
Os testes 93
Verificação de referências 117
O exame médico 121

**5 | A seleção e o ambiente organizacional contemporâneo 123**
Seleção interna 124
A seleção de executivos 129
A seleção de aprendizes, estagiários e *trainees* 135
A seleção de portadores de necessidades especiais 141

**6 | A efetividade dos processos seletivos 147**
A efetividade dos processos seletivos e o papel do selecionador 148
Avaliação da etapa de atração 152

Avaliação da etapa de seleção   156
Terceirização dos serviços de atração e seleção   159
A ética nos processos seletivos   163

**Conclusão**   167

**Referências**   171

**Os autores**   179

# Apresentação

Este livro compõe as Publicações FGV Management, programa de educação continuada da Fundação Getulio Vargas (FGV).

A FGV é uma instituição de direito privado, com mais de meio século de existência, gerando conhecimento por meio da pesquisa, transmitindo informações e formando habilidades por meio da educação, prestando assistência técnica às organizações e contribuindo para um Brasil sustentável e competitivo no cenário internacional.

A estrutura acadêmica da FGV é composta por nove escolas e institutos, a saber: Escola Brasileira de Administração Pública e de Empresas (Ebape), dirigida pelo professor Flavio Carvalho de Vasconcelos; Escola de Administração de Empresas de São Paulo (Eaesp), dirigida pelo professor Luiz Artur Ledur Brito; Escola de Pós-Graduação em Economia (EPGE), dirigida pelo professor Rubens Penha Cysne; Centro de Pesquisa e Documentação de História Contemporânea do Brasil (Cpdoc), dirigido pelo professor Celso Castro; Escola de Direito de São Paulo (Direito GV), dirigida pelo professor Oscar Vilhena Vieira; Escola de Direito do Rio de Janeiro (Direito Rio), dirigida pelo professor Joaquim

Falcão; Escola de Economia de São Paulo (Eesp), dirigida pelo professor Yoshiaki Nakano; Instituto Brasileiro de Economia (Ibre), dirigido pelo professor Luiz Guilherme Schymura de Oliveira; e Escola de Matemática Aplicada (Emap), dirigida pela professora Maria Izabel Tavares Gramacho. São diversas unidades com a marca FGV, trabalhando com a mesma filosofia: gerar e disseminar o conhecimento pelo país.

Dentro de suas áreas específicas de conhecimento, cada escola é responsável pela criação e elaboração dos cursos oferecidos pelo Instituto de Desenvolvimento Educacional (IDE), criado em 2003, com o objetivo de coordenar e gerenciar uma rede de distribuição única para os produtos e serviços educacionais produzidos pela FGV, por meio de suas escolas. Dirigido pelo professor Rubens Mario Alberto Wachholz, o IDE conta com a Direção de Gestão Acadêmica pela professora Maria Alice da Justa Lemos, com a Direção da Rede Management pelo professor Silvio Roberto Badenes de Gouvea, com a Direção dos Cursos Corporativos pelo professor Luiz Ernesto Migliora, com a Direção dos Núcleos MGM Brasília, Rio de Janeiro e São Paulo pelo professor Paulo Mattos de Lemos, com a Direção das Soluções Educacionais pela professora Mary Kimiko Magalhães Guimarães Murashima e com a Direção dos Serviços Compartilhados pelo professor Gerson Lachtermacher. O IDE engloba o programa FGV Management e sua rede conveniada, distribuída em todo o país e, por meio de seus programas, desenvolve soluções em educação presencial e a distância e em treinamento corporativo customizado, prestando apoio efetivo à rede FGV, de acordo com os padrões de excelência da instituição.

Este livro representa mais um esforço da FGV em socializar seu aprendizado e suas conquistas. Ele é escrito por professores do FGV Management, profissionais de reconhecida competência acadêmica e prática, o que torna possível atender às demandas do mercado, tendo como suporte sólida fundamentação teórica.

A FGV espera, com mais essa iniciativa, oferecer a estudantes, gestores, técnicos e a todos aqueles que têm internalizado o conceito de educação continuada, tão relevante na era do conhecimento na qual se vive, insumos que, agregados às suas práticas, possam contribuir para sua especialização, atualização e aperfeiçoamento.

Rubens Mario Alberto Wachholz
Diretor do Instituto de Desenvolvimento Educacional

Sylvia Constant Vergara
Coordenadora das Publicações FGV Management

# Introdução

*Toda organização está sempre competindo por seu
recurso mais essencial: pessoas qualificadas e
com conhecimentos.*

Peter Drucker, 1994:33

A importância das pessoas há muito vem ocupando lugar de destaque no discurso organizacional sobre competitividade. No novo cenário econômico mundial, máquinas eficazes e processos de produção bem-definidos não garantem mais a sobrevivência de nenhum negócio. Pessoas estão no centro de tudo.

Ao discurso sobre a centralidade do ser humano nos processos produtivos somou-se outro: o da importância da qualificação profissional para o desenvolvimento econômico do país. Do encontro desses discursos seria de se esperar que as organizações estivessem comprometidas em realizar o melhor possível no que se refere à contratação de seus empregados. Contudo, apesar de afirmar serem as pessoas um recurso essencial, Drucker (apud Bueno, 1995:6) afirma que, apesar de a contratação de um novo empregado ser uma das mais importantes atividades gerenciais, também seria uma das mais negligenciadas.

É provável que você já tenha sabido ou até mesmo participado de processos seletivos baseados em critérios políticos ou em preferências pessoais, deixando a qualificação do candidato em segundo plano.

Por que as organizações agem dessa maneira? Por que acabam sabotando o processo responsável por provê-las da qualificação profissional que seria essencial à sua sobrevivência?

Nosso objetivo com este livro é levar você a refletir sobre as contradições entre o discurso e as práticas organizacionais que apontamos e sensibilizá-lo para o fato de que realizar um processo seletivo, com as etapas de atração e seleção que o constituem, não é uma tarefa meramente operacional, mas envolve dimensões organizacionais mais amplas, concernentes ao alcance dos objetivos estratégicos da organização.

Para a melhor compreensão do processo de atração e seleção de pessoas, visando à provisão das competências necessárias à efetividade organizacional, estruturamos este livro em seis capítulos.

O primeiro capítulo aborda o processo de atração e seleção como diferencial competitivo. Apresentamos o panorama atual e suas macrotendências, refletindo sobre paradoxos e transformações já ocorridas, em andamento ou ainda necessárias e que impactam ou podem impactar as organizações, modificando o papel e a rotina de especialistas em atração e seleção de profissionais de todas as áreas. Discutimos também a centralidade do conceito de competência para os processos seletivos e propomos um modelo de perfil de competências baseado na definição de indicadores comportamentais.

No segundo capítulo, tratamos dos procedimentos disponíveis e cuidados necessários para que as organizações possam realizar, com eficiência e eficácia, a atração de candidatos qualificados a participarem de seus processos seletivos.

O terceiro capítulo aborda a etapa da seleção, descrevendo seu desenvolvimento e apontando aspectos que devem ser considerados com bastante atenção.

No quarto capítulo, são apresentadas as técnicas de seleção, com recomendações sobre a adequação de cada uma e os requisitos indispensáveis descritos e exemplificados para sua aplicação.

O quinto capítulo é dedicado à discussão sobre processos seletivos específicos, colocados em evidência em função de características do ambiente organizacional contemporâneo: seleção interna, seleção de executivos, de aprendizes, de estagiários, de *trainees* e de portadores de necessidades especiais. Apresentamos cada um desses processos e chamamos atenção para alguns cuidados que devem ser tomados em sua realização.

O sexto capítulo trata da efetividade do processo seletivo: utilizamos adequadamente os recursos envolvidos no processo seletivo? Conseguimos contratar o profissional pretendido? O novo empregado está contribuindo para o alcance dos objetivos organizacionais? Estamos sendo éticos na condução dos processos seletivos? Apresentamos propostas de avaliação do processo seletivo que possam dar conta das questões apresentadas, incluindo alguns indicadores de qualidade.

Não importa em que área da organização você trabalhe, se você é ou não um especialista em atração e seleção; de uma forma ou de outra você estará envolvido com os processos seletivos. Caso você seja o requisitante da vaga, fornecerá informações e contribuirá para a definição do perfil de competências. Sendo você um especialista, seu papel será o de fornecer subsídios para realização de testes de conhecimentos e testes situacionais. E, ainda, você poderá ser um entrevistador. Seja qual for seu papel, este livro busca ajudá-lo.

Então, você concorda conosco sobre a importância de aprender mais sobre o processo de atração e seleção, para, quando necessário, participar de forma consciente e efetiva desse processo? Se você concorda, chegou a hora de arregaçar as mangas e começar a percorrer o caminho aqui proposto. Esperamos que o roteiro que propusemos o ajude a compreender o papel estratégico do processo de atração e seleção de pessoas para a criação e manutenção da vantagem competitiva das organizações.

# 1

# O processo de atração e seleção como vantagem competitiva

Pessoas são o verdadeiro diferencial competitivo das organizações. Temos certeza de que você concorda com nossa afirmação. Porém, para isso, as empresas precisam encontrá-las e saber diferenciá-las umas das outras, fazendo escolhas adequadas. É aí que entra o processo de atração e seleção de pessoas. Empresas que têm as melhores pessoas, com certeza, terão mais chance de competir em seus mercados. E aquelas que contribuem para o desenvolvimento dos seus empregados, aos olhos dos que estão fora delas, são mais atraentes aos talentos e mais competitivas na escolha dos melhores.

No entanto, nenhuma prática de gestão de pessoas pode ser adequadamente compreendida se não levarmos em conta o contexto em que é aplicada, razão pela qual se torna fundamental a análise dos ambientes, interno e externo, e de suas respectivas culturas. É disso que trataremos neste primeiro capítulo.

## Perspectiva estratégica do processo de atração e seleção

Mudanças frequentes clamam por novas definições de quem somos e do que queremos ser. O desafio é grande. Para enfrentá-lo, temos de nos preparar para um mundo que não sabemos qual será e desenvolver competências que também desconhecemos. O mesmo se espera das pessoas que trabalham em nossas organizações e que irão construir, de forma conjunta, esse futuro desconhecido.

Em um contexto marcado por mudanças frequentes e estruturado em torno da necessidade de inovação constante, é a capacidade humana de criar, de lidar com a incerteza e de persistir que possibilitará o desenvolvimento sustentável no tempo (Fadel, 2014).

A empresa que tem os profissionais mais qualificados é mais competitiva. Mas para ter os melhores, a empresa precisa atraí-los e ser atraente; oferecer-lhes algo que valha a pena. Caso contrário, eles ficarão onde estão. Empresas atraentes não padecem pela falta de bons candidatos: eles vão até elas. Em compensação, os selecionadores dedicarão mais tempo para distingui-los, para escolher, efetivamente, os melhores para o alcance de seus objetivos.

Atrair e selecionar novos empregados são atividades estratégicas para o provimento de competências necessárias à efetividade de um negócio. Configura-se a dimensão organizacional dos processos seletivos. Ao contribuir para a efetividade organizacional, os processos seletivos também são estratégicos para o desenvolvimento econômico sustentável, definindo assim sua dimensão econômica. Um processo seletivo é também um meio de acesso a um direito básico de todo cidadão, que é o trabalho, o que define sua dimensão social. Por fim, um processo seletivo, ao oferecer uma oportunidade de trabalho, está possibilitando ao candidato a realização de um projeto de vida pessoal e de expressão de sua identidade: essa é a dimensão psicológica de um processo seletivo.

Assim, em lugar da prática simplista e limitada de apenas preenchermos uma vaga, característica do modelo tradicional de recrutamento e seleção, é necessária visão sistêmica e integrada da organização e de seus objetivos, dos candidatos e de suas expectativas, dos ambientes interno e externo, na busca conjunta do alcance dos objetivos organizacionais futuros. Portanto, se pensamos no longo prazo, a preocupação em escolher o melhor candidato estende-se pela certeza de que devemos retê-lo. Para isso, no início do processo de seleção, devemos avaliar, antecipadamente, seu potencial de crescimento e prognosticar sua adaptação à cultura organizacional, projetando suas competências para o alcance dos objetivos estratégicos organizacionais traçados.

Mas qual seria o melhor candidato? A resposta depende do que a organização pretende alcançar e de quando ela pretende fazê-lo. De maneira geral, o melhor candidato, ao ser admitido, é o que efetivamente traz resultados e imprime vantagem competitiva para a organização, trabalhando por sua rentabilidade e sustentabilidade.

E por que devemos retê-lo? De forma mais específica, temos de saber quais os objetivos da organização e quando ela pretende alcançá-los. Por exemplo, se admitirmos um candidato em início de carreira, com as competências mínimas necessárias a serem desenvolvidas, precisaremos de um determinado tempo para que os resultados apareçam. A empresa o contrataria com um salário inicial mais baixo que o mercado e investiria seu tempo e dinheiro direcionando-o para seus objetivos. Em outra hipótese, se a empresa almeja resultados imediatos, a contratação mais adequada seria a de um profissional mais caro, mas pronto para enfrentar os desafios. Em ambas as situações, a retenção torna-se necessária. No primeiro caso, o empregado, deixando a organização, levaria para o concorrente todo o investimento e o tempo dedicado à sua capacitação e desenvolvimento. A saída do empregado experiente também geraria prejuízos, podendo comprometer desde objetivos não alcançados até a imagem da sua ex-empregadora.

Portanto, caro leitor, se você concorda que pessoas representam vantagem competitiva, temos de zelar pela permanência e satisfação delas, conjugando objetivos e tornando-as o centro das atividades organizacionais, a partir do esforço integrado da área de gestão de pessoas com os demais gestores que fazem parte de uma organização. O trabalho conjunto diminui a incidência de erros no processo de atração e seleção bem como reforça a retenção, a partir da visão de ambos e do todo, indispensável à geração de resultados organizacionais estratégicos.

Para atrair e selecionar, a área de gestão de pessoas possui as competências necessárias para a condução do processo e tem bastante conhecimento do ambiente interno, principalmente do clima e da cultura da empresa, onde o recém-admitido será recebido. Por outro lado, é o gestor requisitante – o "dono" da vaga – que precisa informá-la sobre as características da posição em aberto, da equipe em que ele irá trabalhar e sobre o perfil de competências que ele espera encontrar nos candidatos. O gestor conhece suas necessidades internas e, ao mesmo tempo, está mais em contato com o ambiente externo, no qual se encontram o mercado, os concorrentes e se configuram tendências e cenários.

É sobre a importância do ambiente externo que discorreremos a seguir.

## O ambiente externo das organizações contemporâneas

Podemos dizer, conforme Toffler (2012), que vivemos hoje entre dois mundos: um que está apenas começando e outro em vias de se acabar. E um bom exemplo do modelo mental que predominava nesse "mundo que está acabando" é o que podemos ler em uma Carteira de Trabalho e Previdência Social expedida em 1975. O texto é o seguinte:

A carteira, pelos lançamentos que recebe, configura a história de uma vida. Quem a examinar, logo verá se o portador é um temperamento aquietado ou versátil; se ama a profissão escolhida ou ainda não encontrou a própria vocação; se andou de fábrica em fábrica, como uma abelha, ou permaneceu no mesmo estabelecimento, subindo a escada profissional. Pode ser um padrão de honra. Pode ser uma advertência.

A carteira de trabalho era o símbolo da integridade do trabalhador. Esse "ícone", gerado na era Vargas, vem, gradativamente, sendo substituído por contratos de prestação de serviços, registros de autônomos, acordos amigáveis, promessas verbais. Conforme Goshal e Bartlett (2000), surge na relação entre empregador e empregado a exigência de um novo contrato moral de trabalho, que privilegia a ética, é flexível e permeável, e convive com o modelo tradicional do contrato formal, no qual pessoas ainda são tratadas como números e o foco é a realização de tarefas.

Segundo os mesmos autores empresas são instituições sociais compostas por indivíduos – vetores da criação de valor de uma organização e fonte de vantagem competitiva no século XXI. Analisando seu discurso, podemos considerar que esse autor faz um alerta para as organizações e dá destaque à importância humana, características do modelo atual, flexível.

A convivência dos dois "mundos", com formas diferentes, e até antagônicas, de fazer a gestão de pessoas, gera incoerências e situações paradoxais no mercado de trabalho que impactam o processo de atração e seleção. Como exemplo, a produtividade aumenta com tecnologia, informação, educação continuada, inovação e competências. E mais educação. Sabemos disso, mas onde anda a educação brasileira? Sem educação, não há ganhos, não há polivalência, não há diversificação. Caem a qualidade e a competitividade. As empresas sofrem mutações e os trabalhadores também. Observa-se crescente demanda por conhecimento e por mecanismos para tornar esse conhecimento explícito e registrado. O trabalho é redefinido no conteúdo e na forma. A competência das pessoas é posta em destaque. Intensifica-se a terceirização e a realização de parcerias. Em vez de contratar indivíduos, contratam-se empresas parceiras e fornecedores. E de quem são as competências e seus resultados?

Com o aumento da expectativa de vida e o prolongamento da vida produtiva, gradativamente, impõe-se o fim do preconceito com idade avançada. Experiência passa a ser valor competitivo. Mesclam-se gerações, com diferentes perfis de trabalho e de competências. Respeito à diversidade e à ética são valores esperados dos profissionais de atração e seleção, embora nem sempre se materializem.

Intensifica-se a pressão da sociedade por maior responsabilidade social das empresas e respeito ao meio ambiente, modificando-se, por consequência, o perfil do candidato na busca de colocação.

Todas estas modificações e tendências, e outras não citadas aqui, fazem com que convivamos com novas realidades e paradoxos que requerem, tanto do candidato a empregado quanto do selecionador, características como visão sistêmica, flexibilidade e maturidade profissional.

Ao conduzir, portanto, um processo de atração e seleção, devemos lembrar que a legitimidade de alguns paradigmas começa a cair por terra, a partir de questionamentos, de incertezas, de rearranjos socioeconômicos mundiais e da infinita explosão de informação. Assim, convivemos com realidades diametralmente opostas, e nem sempre somos capazes de perceber que é possível uma convivência pacífica entre elas. Vejamos:

❏ *A mesma empresa que demite, contrata* – Organizações demitem sem critérios, deixando para trás parte da sua memória. Como exemplo, empresas que incentivam a saída voluntária de profissionais de seus quadros ao tempo em que buscam recontratá-los, por não terem planejado substitutos ou retido o conhecimento dos processos em que eles atuavam. Não só para contratar, mas também para recolocar e demitir é preciso ter critérios bem-definidos. Mudanças de estratégia, de produto, de mercado e de tecnologia podem gerar necessidade de contratação de novos perfis de competências, diferentes daqueles que até então atendiam às expectativas. Dessa forma, simultaneamente, as empresas podem demitir e abrir oportunidades de trabalho para substituir seus empregados por outros com um novo perfil. Na melhor das hipóteses, requalificam-nos para os novos desafios.

❏ *O principal foco dos empregados é o foco na carreira, o que não significa mais fidelidade a uma única empresa* – Se a empresa não lhes oferece oportunidades de crescimento, é o concorrente quem ganha. Dessa forma, quem se preocupa com fidelidade agora é o empregador, que perderá parte de seu conhecimento e de sua vantagem competitiva se não souber como reter seus talentos.

❏ *As empresas empregam mais tempo e melhores técnicas de seleção para não errarem em suas escolhas, mas a maioria ainda não aprendeu a selecionar* – O uso adequado de técnicas de seleção não garante o acerto da escolha. Assegure-se de que você sabe exatamente o que está procurando e de que aquilo que você busca vai fazer o diferencial na sua organização, para que você não procure (e ache) o candidato errado. Contratações, para serem acertadas, devem ser monitoradas, avaliando-se a satisfação da gerência requisitante e a motivação do recém-contratado. A porta de entrada é a mesma de saída. Nada mais frustrante do que ver o profissional no qual você apostou ir embora.

❏ *Empresas procuram pessoas competentes, mas não dão espaço para elas aplicarem e desenvolverem suas competências* – É comum presenciarmos pessoas executando tarefas aquém de suas qualificações ou diferentes do que era esperado que fizessem. E quando o recém-admitido sai da empresa por vontade própria, ou permanece desmotivado, a culpa poderá recair sobre o selecionador. Um processo de seleção por competências alinhado ao plano estratégico cria vantagem competitiva e favorece o alcance dos objetivos organizacionais. Atrair e manter as competências e não utilizá-las é desperdício de tempo e de dinheiro. Pessoas competentes constroem o capital intelectual de uma organização e garantem seu sucesso, desde que encontrem ambiente propício.

Enfim, mudanças e decorrentes paradoxos e contradições nos fazem conviver com várias realidades. Estamos preparados? Depende do modelo de gestão de pessoas que adotamos. É o que veremos a seguir.

## Do Departamento de Pessoal à gestão estratégica de pessoas

A história da área de gestão de pessoas mostra que evoluímos de um antigo "Departamento de Pessoal" burocratizado e que priorizava o apontamento de horas e o pagamento da tarefa, sem preocupação com a satisfação do trabalhador nem com sua permanência na empresa. A visão cartesiana, com abordagem reducionista/mecanicista, ainda domina, mas é vencida, pouco a pouco, pelo panorama emergente que impõe uma abordagem sistêmica e o alinhamento da gestão à estratégia organizacional.

De acordo com Maximiano (2012), o movimento da administração científica, criado por Taylor no final do século XIX, e por isso denominado de taylorismo, introduziu princípios e regras para a gestão de pessoas e a estruturação das relações trabalhistas. O modelo definiu tarefas que, quando associadas a uma mesma atividade ou posto de trabalho, compunham determinado cargo. A preocupação era com suas especificações e como estas seriam executadas.

Observa-se que o taylorismo destacou a importância de competências aplicadas ao trabalho, especificamente habilidades manuais (destreza) e de atitudes (devoção ao trabalho e disciplina). Disso podemos concluir que selecionar sempre foi buscar competências. O sistema de pagamento, por exemplo, era associado à produtividade individual, e, sob controle, quem produzia mais, ganhava mais. Apesar das críticas (veja o filme *Tempos modernos*, com Charles Chaplin), Taylor transformou o formato do trabalho na época, intensificando o ritmo e a busca da eficiência empresarial.

Na década de 1960, surge a abordagem sociotécnica, com críticas à administração científica pela padronização, despersonalização e desqualificação do ser humano. Nas organizações, o Departamento de Pessoal (DP) ganha força por integrar e articular pessoas a cargos e funções.

Finnigan (1974) nos lembra do valor da descrição de cargos e da execução de tarefas em todos os processos de "recursos humanos" nos anos 1970. A atividade de recrutamento e seleção, bem como de treinamento, cargos e salários e avaliação do desempenho, era balizada pelo "Manual de Cargos", que continha as descrições do que deveria ser executado pelo futuro empregado. Assim, a administração de pessoal, representada pelo Departamento de Pessoal, ampliou sua função e integrou as diversas áreas, mudando de foco e de nome, passando a ser denominada "recursos humanos".

Foi uma evolução significativa, que partiu da visão microscópica do homem, em que a administração científica ignorava o trabalhador como ser humano e social, e hoje caminha para um modelo sistêmico, embora ainda carente da valorização do homem e de foco estratégico empresarial. A partir da década de 1990, e ainda de forma lenta e gradativa, a área de recursos humanos passa a ser parte integrante da estratégia de negócios da organização, incorporando o conceito de competências na, então, gestão de pessoas. De acordo com Fleury e Fleury (2000:20):

> O trabalho não é mais o conjunto de tarefas associadas descritivamente ao cargo, mas torna-se o prolongamento direto da competência que o indivíduo mobiliza em face de uma situação profissional cada vez mais mutável e complexa.

A organização, portanto, ao minimizar a ênfase na gestão do cargo e das tarefas, abre espaço para ampliação do foco nas competências, permitindo que ela tome consciência do que sabe fazer e do que amplia o valor atribuído ao seu negócio. Dessa forma, a base da gestão passa a ser o indivíduo e suas competências, ou seja, vai além da tradicional descrição de cargo.

Como consequência, a atividade de atração e de seleção de pessoas conquista seu espaço à medida que identifica e provê, interna ou externamente, as competências individuais necessárias ao alcance das estratégias organizacionais. É ela quem irá suprir as demandas e as lacunas existentes entre as competências de que a organização necessita, as que possui e as que deverão ser atraídas.

Conhecendo os planos organizacionais, o profissional da área de seleção passa a atuar estrategicamente, com visão de longo prazo. Por exemplo, se ele souber que a organização, em dois anos, estará desenvolvendo negócios na China e receber, hoje, o currículo de um profissional com perfil empreendedor para o novo mercado e que fale mandarim, ele terá condições de negociar com a alta administração a atração imediata desse profissional para, ao longo dos dois anos, ser aculturado, facilitando o desenvolvimento do negócio futuro. Falamos, portanto, de uma atuação biunívoca, em que não só a estratégia organizacional direciona a atividade de atração e seleção, mas esta também influencia as decisões estratégicas.

No ambiente interno, a atividade de atração e seleção deve levar em conta a cultura organizacional e as condições da situação do trabalho no momento da contratação. No exemplo que acabamos de apresentar, se o profissional identificado não tiver disponibilidade para viajar ou seus valores ou sua personalidade forem de encontro à cultura da empresa, ele não será o melhor candidato, apesar do perfil aparentemente promissor. Da mesma forma, se a empresa ou o tipo de trabalho não associar valor a seu crescimento profissional, ele não irá se candidatar.

Na próxima seção, vamos reforçar alguns conceitos importantes sobre competências para o processo seletivo, para depois falarmos um pouco mais sobre o uso de indicadores que poderão facilitar a avaliação das competências esperadas e existentes nos candidatos e apontar eventuais lacunas de competências para o alcance dos objetivos estratégicos.

## Competências e a construção de vantagens competitivas

A sustentação da competitividade não se dá por intermédio de um sistema composto de elementos copiáveis pela concorrência, mas sim pelo desenvolvimento estratégico que leva uma empresa a manter seu posicionamento no mercado, até que ela mesma possa superá-lo. Para isso, é necessário que a alta administração formule os objetivos estratégicos da organização e identifique que competências organizacionais a empresa tem de ter para alcançá-los.

A partir disso, serão definidas as competências individuais, base para a condução de um processo de atração e seleção por competências. Como afirma Dutra (2004:24):

> São as pessoas que, ao colocarem em prática o patrimônio de conhecimentos da organização, concretizam as competências organizacionais e fazem sua adequação ao contexto. Ao utilizarem, de forma consciente, o patrimônio de conhecimento da organização, as pessoas validam-no ou implementam as modificações necessárias para aprimorá-lo. A agregação de valor das pessoas é, portanto, sua contribuição efetiva ao patrimônio de conhecimentos da organização, permitindo-lhe manter suas vantagens competitivas no tempo.

Como você pode perceber, as competências se constituem em elemento essencial para a promoção e a sustentação da competitividade das organizações. Mas, afinal de contas, o que é uma competência?

Se nós lhe perguntássemos o que é uma pessoa competente, o que você responderia? É possível que você tenha formulado uma resposta tal como: "É alguém que faz algo bem-feito". E você está certo ao pensar assim.

Se considerarmos que competência está associada a fazer algo bem-feito, então estamos estabelecendo uma correlação entre esse conceito e as ideias de ação e de resultado. Isso faz muito sentido. Senão, vejamos: como você avalia se alguém é competente? Não seria por meio da observação do que essa pessoa faz e se os resultados do que ela faz são bons?

Com base no que acabamos de afirmar, podemos propor um primeiro e genérico conceito de competência: capacidade de realizar algo. Mas não se trata apenas de realizar algo, mas também de realizá-lo de acordo com uma expectativa, com um padrão de qualidade.

Dutra (2004) refere-se a um conceito bastante difundido hoje e que ficou popularmente conhecido como CHA: competência seria um conjunto de conhecimentos (C), habilidades (H) e atitudes (A) necessárias para que a pessoa desenvolva suas atribuições e responsabilidades.

Segundo Gramigna (2002), o conhecimento seria um conjunto de informações articuladas e que podem ser utilizadas quando necessário. Habilidades seriam entendidas como capacidades técnicas que implicam ação na produção de um resultado positivo. As atitudes seriam determinadas por crenças, valores e princípios.

Para facilitar a compreensão do modelo do CHA, é possível entender cada um desses elementos como saberes:

❏ saber (conhecimento): o conjunto de informações articuladas sobre determinado tema;
❏ saber fazer (habilidade): a capacidade de utilizar um conjunto de informações articuladas para agir de forma a gerar um resultado concreto e em conformidade com um padrão preestabelecido;
❏ saber ser (atitude): conjunto de atitudes, valores, crenças e características psicológicas.

Tomando como referência o modelo do CHA para selecionar um analista de marketing, de nada adiantaria selecionar um candidato com grande quantidade de informações sobre marketing (saber) se ele não fosse capaz de usar essas informações para, por exemplo, realizar uma pesquisa de mercado (saber fazer). Da mesma maneira, um candidato que saiba fazer pesquisas de mercado muito bem (saber fazer), mas que seja uma pessoa individualista e centralizadora (saber ser), poderá comprometer o clima organizacional e a produtividade do trabalho.

Zarifian (2001:68) sugere a seguinte conceituação de competência: "A competência é 'o tomar a iniciativa' e o 'assumir responsabilidade' do indivíduo diante de situações profissionais com as quais se depara".

O conceito proposto por Zarifian enfatiza a tomada de iniciativa e a assunção de responsabilidade como elementos definidores da competência, o que reforça o papel determinante que as atitudes desempenham no ambiente organizacional contemporâneo. Em um ambiente de incertezas, como o que descrevemos anteriormente, a qualidade do desempenho dos empregados depende de seu posicionamento e de seu envolvimento diante de uma situação concreta de trabalho. Tomar a iniciativa e assumir responsabilidades não dependem apenas de conhecimento e habilidades, mas, sobretudo, das crenças e dos valores que ajudam a definir o significado que é atribuído ao trabalho, às atividades nele implicadas.

Após todas as considerações que foram feitas sobre competência, podemos refinar o conceito que propusemos inicialmente: competência é um predicado que pode ser atribuído a pessoas ou a organizações, em função de sua capacidade de realizar algo em conformidade com determinado padrão de qualidade, requerendo a mobilização de saberes diversos – saber, saber fazer e saber ser. São predicados variáveis em espécie e intensidade: existem diferentes competências (espécie) e cada uma delas pode ser maior ou menor (intensidade). Além disso, as competências são atributos relativos, que dependem não apenas de variáveis intrínsecas a um indivíduo, ou a uma organização, mas também de variáveis externas, situacionais.

Você deve ter notado que, no conceito de competência que acabamos de apresentar, afirmamos que ele se aplica tanto a pessoas como a organizações. Toda empresa possui um conjunto de conhecimentos, habilidade e atitudes que são requisitos indispensáveis para estabelecer e manter seu negócio no segmento em que está situada. São as denominadas "competências organizacionais básicas".

Para que você possa compreender o que são as competências básicas, vamos citar o exemplo de um pecuarista do sul do Brasil que trabalhava com a comercialização de couros e que decidiu ingressar no ramo da indústria de calçados. Após analisar as tendências do mercado, o foco do novo empreendimento foi a produção de calçados populares. Assim, como o foco é calçados populares, é preciso ser capaz de produzi-los a baixo custo. Consequentemente, é fundamental ter a capacidade de montar um processo produtivo enxuto, eficiente, que maximize o aproveitamento da matéria-prima e que minimize o índice de peças defeituosas.

Todas essas competências que acabamos de elencar são competências básicas, porque sem elas o empreendimento não pode sequer ser iniciado. As competências básicas são os requisitos necessários para a consecução do negócio.

Há, porém, outro grupo de fatores que distingue a organização das demais, perante o mercado e os clientes. São as chamadas "competências organizacionais essenciais". De acordo com Hamel e Prahalad (1995), para que uma competência seja considerada essencial, deverá atender a três condições: além de gerar diferenciação entre concorrentes, deverá também gerar valor que possa ser percebido pelo cliente e possibilitar capacidade de expansão.

Voltando ao nosso exemplo, vamos considerar que a fábrica de calçados desenvolveu uma tecnologia de produção e tratamento do couro capaz de produzir lâminas extremamente finas e maleáveis, sem, contudo, perda de resistência. Essa capacidade desenvolvida, além de permitir aproveitamento intensivo da matéria-prima, propiciará também a produção de um calçado mais confortável do que o da concorrência. Essa competência criou um valor capaz de ser percebido pelo cliente e não é dominada pelos concorrentes, constituindo-se, assim, um diferencial. Além disso, essa tecnologia pode permitir produzir outros artigos além de calçados, possibilitando à empresa ingressar em novos mercados. Vemos, assim, satisfeitas todas as condições estabelecidas por Hamel e Prahalad (1995) para considerarmos essencial uma competência.

Para fazer acontecerem as competências organizacionais, a empresa precisa de pessoas. Como afirma Dutra (2004:24), na relação entre pessoas e organizações, existe "um processo contínuo de troca de competências". De um lado, temos a empresa transferindo os conhecimentos de que dispõe e que lhe trazem vantagens competitivas. De outro, as pessoas que utilizando esses conhecimentos e, contribuindo com suas competências individuais, incorporam valor ao patrimônio de conhecimentos da organização, permitindo que ela possa manter seus diferenciais e desenvolvê-los.

Esse intercâmbio de competências, sugerido por Dutra (2004), implica uma dinâmica entre duas categorias de competências: organizacionais e individuais, também denominadas "humanas", que apresentam correspondência entre si.

Para a consolidação de um processo de atração e seleção por competências, e em função da correspondência estabelecida entre competências organizacionais e competências individuais, estas devem ser definidas a partir do desdobramento das competências organizacionais. Por exemplo: uma indústria mecânica brasileira que define, em seu planejamento estratégico, que em cinco anos diversificará seus negócios para o setor de serviços precisará definir claramente se possui competências básicas que suportem o novo negócio e se suas competências essenciais são reconhecidas pelos potenciais clientes para a consecução de seus objetivos. A partir disso, ela deverá, então, desdobrar as competências organizacionais em competências individuais.

A compreensão da dinâmica entre competências organizacionais e individuais é fundamental para que possamos realizar um procedimento essencial e que servirá de base para qualquer processo seletivo: a definição do perfil de competências. Esse é o tema que abordaremos na próxima seção.

## Perfil de competências

Os processos seletivos mais convencionais partem da descrição do cargo para identificar as competências e os requisitos necessários para ocupá-lo. A descrição do cargo, contendo as tarefas, os deveres, as responsabilidades, os requisitos, é apenas uma entre as várias fontes de informação a serem analisadas. Ela é necessária para que se possa fazer uma análise das principais atividades, não só para que o selecionador possa identificar as competências necessárias para sua execução, como também para fornecer aos candidatos o maior número possível de informações que fundamentem suas escolhas.

Tomemos como exemplo um processo seletivo ocorrido em uma rede de lojas de vestuário, no Rio de Janeiro. O cargo era o de atendente de vendas, para trabalhar no período de festas de final de ano. Um dos candidatos selecionados, em seu primeiro dia de trabalho, foi chamado a comparecer ao setor de expedição e lhe foi determinado que descarregasse um caminhão e distribuísse a mercadoria nas várias seções da loja. O empregado viu-se no seguinte dilema: sendo portador de hérnia de disco, não poderia carregar o peso dos pacotes que estavam no caminhão. Contudo, era seu primeiro dia de trabalho. Se ele informasse sua impossibilidade, será que acreditariam nele, ou julgariam ser uma desculpa para escapar do trabalho pesado? O empregado optou pelo silêncio, apostando que aquela seria uma tarefa esporádica. Durante toda a primeira semana, foi designado para a mesma tarefa, até que, no sexto dia foi hospitalizado com uma crise aguda de dor lombar. Quando voltou ao trabalho, na segunda-feira seguinte, foi dispensado.

A situação que acabamos de apresentar ilustra muito bem a necessidade de, ao selecionarmos um novo empregado, considerarmos efetivamente todas as atividades que ele irá desempenhar. Uma análise criteriosa das atividades do cargo, certamente, teria informado ao selecionador que carregar peso seria atividade rotineira do atendente de vendas e que essa atividade teria como requisito força e saúde física.

Contudo, as transformações no ambiente organizacional tornaram relativo o papel do cargo como unidade de análise das práticas de gestão de pessoas. As competências individuais que desejamos selecionar requerem uma análise de toda a organização, considerando sua estratégia competitiva, as competências da organização que garantem a efetivação dessa estratégia e a cultura organizacional.

Em resumo, se desejarmos realizar um processo seletivo por competências, o cargo não poderá ser considerado independentemente dos valores e posicionamento estratégico da empresa no mercado. A definição do perfil de competências deverá prever o mapeamento daquelas que fazem parte da estratégia de competitividade e diferenciação adotada pela organização. Esse conjunto de competências demonstrará o comportamento da organização no mercado, desde que os resultados desejados sejam alcançados pelas pessoas no exercício de suas atribuições.

Na elaboração do perfil de competências, é fundamental o envolvimento dos gestores das diversas áreas da organização, em parceria com os especialistas de gestão de pessoas. A análise objetiva de todas as competências, em alinhamento com a estratégia organizacional e em conjunto com a visão dos processos e políticas adotados, resultará num conjunto adequado de competências individuais, para cada posição do quadro de empregados da organização.

Rabaglio (2001) menciona alguns questionamentos sobre mapeamento do perfil das competências que precisam ser respondidos antes e durante o andamento de um processo seletivo:

- Quais são os conhecimentos, as habilidades e as atitudes necessárias para fazer este trabalho?
- O que torna um candidato adequado para a atribuição e o alcance da estratégia da organização?
- O que torna um candidato inadequado? Que desafios enfrentará e de que habilidades dispõe para superá-los?

Além dessas questões, recomendamos também que você, leitor, considere os pontos a seguir:

- principais desafios enfrentados pelos ocupantes do cargo;
- maiores erros cometidos por atuais e ex-ocupantes do cargo;
- projetos a serem desenvolvidos pelo futuro ocupante do cargo;
- características dos principais clientes e fornecedores internos;
- características da equipe de trabalho;
- estilo de liderança do superior;
- cultura da empresa.

Uma vez coletadas as informações, o passo seguinte é identificar quais competências são necessárias para que as atividades previstas para um cargo sejam realizadas com eficácia, eficiência e de maneira que as competências organizacionais sejam concretizadas, se traduzam em vantagem competitiva sustentável e possibilitem o alcance dos objetivos da organização.

Vimos, na seção anterior, que a competência pode ser definida como um conjunto de conhecimentos, habilidades e atitudes. Leme (2007) nos alerta que, para efeitos didáticos e operacionais, podemos também falar em competências técnicas e competências comportamentais. As competências técnicas agrupam os conhecimentos e as habilidades para um profissional desempenhar bem suas funções. Já as competências comportamentais referem-se às atitudes, ao "saber ser" do candidato, aquilo que o motiva, que gera o querer fazer.

    Para mapearmos as competências técnicas, o ponto de partida é a análise da descrição do cargo. Contudo, como essa descrição pode não estar atualizada, é sempre recomendável realizar entrevistas com o requisitante da vaga e com profissionais que já ocupam o cargo na organização. Caso tais entrevistas não sejam possíveis, podemos recorrer a formulários para coleta de dados.

    Considere, então, que vamos realizar um processo seletivo para o cargo de coordenador de marketing para uma empresa integrada de *shopping centers*. Consultando a descrição do cargo, encontramos que o ocupante dessa vaga será responsável pelo planejamento anual de marketing do *shopping*, por pesquisas de mercado e por planos de comunicação. Para realizar as atividades, por exemplo, o candidato deverá saber utilizar os *softwares* Corel Draw, Photoshop, SEO, Google Analytcs, Adwords, Word Press. Essas atividades já indicam o tipo de conhecimento e habilidade que o ocupante da vaga deve ter, ou seja, as competências técnicas necessárias ao bom desempenho da função.

    Aprofundando a descrição do cargo, constatamos que coordenador de marketing será responsável por realizar gestão de pessoas de forma motivadora, estimulando o envolvimento e a participação da equipe na busca dos objetivos, além de criar, coordenar e acompanhar os incentivos de vendas, atuar na comunicação e liderar a equipe de vendas. Mas estimular envolvimento é questão técnica? Acho que você concorda que estamos falando de competência comportamental, não é mesmo?

    Agora, coloque-se no lugar do selecionador que estivesse avaliando os candidatos a coordenador de marketing. Durante uma dinâmica de grupo ou em uma entrevista, que critérios você utilizaria para avaliar a competência liderança? Você sabe o que é liderança? Será que o que você entende por liderança é o mesmo que os outros avaliadores entendem? Será que você e os demais avaliadores estarão observando a mesma coisa? E se você recebesse uma definição de liderança organizada da seguinte maneira: (a) apresenta, para realização da tarefa, propostas que são aceitas pelo grupo; (b) faz afirmações para o grupo que esclarecem os objetivos da tarefa; (c) distribui tarefas entre os membros do grupo; (d) integra diferentes sugestões apresentadas pelos membros do grupo em proposta adequada à realização da tarefa; (e) fornece *feedbacks* positivos sobre o desenvolvimento da tarefa dos membros da sua equipe; (f) incentiva os membros da equipe. Isso facilitaria seu trabalho de avaliação dos candidatos?

Se você respondeu afirmativamente à pergunta que propusemos, então você é favorável ao uso de indicadores comportamentais. E o uso de indicadores comportamentais é a maneira mais objetiva de avaliar as competências comportamentais.

E como devemos proceder para definir os indicadores comportamentais? Para realizar essa tarefa, vamos nos inspirar na metodologia do inventário comportamental, desenvolvida por Leme (2007).

Devemos chamar sua atenção para o fato de que, na metodologia proposta por Leme (2007), o primeiro passo é o mapeamento das competências organizacionais, o que está alinhado com o que discutimos na seção anterior. Contudo, apesar da enorme repercussão da seleção por competências, a realidade de muitas organizações é que esse mapeamento das competências organizacionais é inexistente, o que impossibilita que se realize, de fato, uma seleção por competências. Mesmo assim, as vagas que surgem precisam ser preenchidas, e da melhor maneira possível. Como proceder?

Voltemos ao nosso exemplo da seleção para o cargo de coordenador de marketing. Tomando como base esse cargo, você vai realizar a atividade de observação chamada "Gosto/Não gosto/O ideal seria" (Leme, 2007). Para realizar essa atividade, você precisará preencher o quadro que se segue.

Quadro 1
**RESULTADO DA ATIVIDADE DE OBSERVAÇÃO**

| Gosto | Não gosto | O ideal seria |
|---|---|---|
|   |   |   |

Fonte: Leme (2007).

Você deverá pensar em cada coordenador de marketing de sua empresa ou nos que já passaram por ela e anotar, na primeira coluna, os comportamentos desses profissionais que são adequados e que contribuem para que a organização concretize sua estratégia. Na segunda coluna, anote todos os comportamentos que você julga inadequados e que impedem ou dificultam a concretização da estratégia organizacional, e na terceira coluna, todos os comportamentos que precisariam ser desenvolvidos nesses empregados. Concluído o exercício, você pode ter obtido um quadro como o que se apresenta a seguir.

Quadro 2
**RESULTADO DA ATIVIDADE DE OBSERVAÇÃO**

| Gosto | Não gosto | O ideal seria |
|---|---|---|
| ❏ Soluciona os problemas do cliente.<br>❏ Faz perguntas sobre as necessidades do cliente.<br>❏ O grupo aceita suas sugestões. | ❏ Não ajuda os colegas.<br>❏ Não considera os *feedbacks* negativos. | ❏ Fosse objetivo ao expor suas ideias.<br>❏ Desse *feedback* sobre a atuação da equipe. |

O passo seguinte será analisar cada um dos comportamentos e reescrevê-los, seguindo as orientações que apresentamos a seguir. Retornando ao nosso exemplo, teríamos:

- no infinitivo: solucionar os problemas do cliente; fazer perguntas sobre as necessidades dos clientes; dar sugestões que são aceitas pelo grupo; ser objetivo ao expor suas ideias;
- de maneira afirmativa: ajudar os colegas; considerar os *feedbacks* negativos que recebe; dar *feedback* ao grupo sobre a atuação da equipe.

A lista que acabamos de apresentar elenca os comportamentos que esperamos do nosso futuro coordenador de marketing. Com base nessa lista, você deverá agora associar os comportamentos a alguma competência, conforme ilustra o quadro 3.

Quadro 3
INDICADORES E COMPETÊNCIAS ASSOCIADAS

| Indicador comportamental | Competência associada |
| --- | --- |
| Solucionar os problemas do cliente. | Foco no cliente |
| Fazer perguntas sobre as necessidades dos clientes. | Foco no cliente |
| Dar sugestões que são aceitas pelo grupo. | Liderança |
| Ajudar os colegas. | Trabalho em equipe |
| Considerar os *feedbacks* negativos recebidos. | Relacionamento interpessoal |
| Ser objetivo ao expor suas ideias. | Comunicação |
| Dar *feedback* ao grupo sobre a atuação da equipe. | Liderança |

O uso dos indicadores comportamentais obtidos por meio da metodologia que acabamos de apresentar permite que os processos seletivos sejam realizados com menos chance de erros, uma vez que as competências são traduzidas em exemplos comportamentais que podem ser avaliados de forma menos subjetiva. Afinal, estamos lidando com ações que foram identificadas a partir da observação de profissionais que trabalham na organização.

Processos seletivos que utilizam indicadores comportamentais podem, tal como veremos no capítulo 3, possibilitar avaliar os candidatos de uma forma mais quantitativa, gerando dados com maior probabilidade de compreensão e aceitação por parte dos requisitantes que, de maneira geral, não estão habituados com a lógica dos selecionadores.

Com essa explanação sobre a importância dos indicadores comportamentais, concluímos nossa argumentação no sentido de demonstrar o papel dos processos de atração e seleção na construção da vantagem competitiva das organizações. Definimos uma perspectiva estratégica para esses processos, em conformidade com o contexto organizacional contemporâneo, salientando a importância de definirmos um perfil de competências individuais alinhado com as competências organizacionais necessárias à concretização da estratégia competitiva.

E, mesmo considerando a dinâmica da natureza humana, temos de buscar e manter a harmonia entre os interesses da organização e os das pessoas, individual e coletivamente, desde a seleção. Sem esse cuidado, raramente uma competência irá gerar algum valor que possa ser incorporado pela empresa e venha a se constituir em diferencial competitivo.

Assim, a relevância de determinada competência, ou grupo de competências, dependerá do que é esperado em função da estratégia organizacional, levando-se em consideração também as competências organizacionais. Mesmo sendo possível haver uma significativa dominância de uma competência sobre as demais, no desempenho de determinadas atividades, nenhuma será, isoladamente, suficiente para que se obtenha o melhor rendimento na execução do trabalho. Aqui se aplica o preceito da sabedoria popular "a união faz a força". Todos nós somos competentes, de uma forma ou de outra e em algum momento. A capacidade de combinar as diversas competências que possuímos e aplicá-las na ocasião oportuna é o que nos distingue dos demais.

Agora que você já tem uma visão geral da perspectiva estratégica dos processos de atração e seleção, vamos começar a estudar como funciona cada uma das etapas, começando pela etapa de atração, tema abordado no próximo capítulo.

# 2

# O processo de atração

Como vimos no capítulo 1, as mudanças na natureza do trabalho e nas relações entre empregador e empregado observadas nas últimas décadas, decorrentes do rápido desenvolvimento tecnológico e da globalização, tiveram impacto nas características do mercado e na maneira como as pessoas são atraídas e selecionadas pelas organizações.

Um dos grandes desafios que as organizações enfrentam, hoje, é identificar e atrair os melhores profissionais. Onde buscar os melhores? Como fazer para que os melhores candidatos saibam da oportunidade que está sendo oferecida? O que oferecer para atraí-los? Ao delinear qualquer estratégia de atração, e também de seleção, devem ser consideradas a estratégia e a cultura organizacional, a atratividade da empresa e suas competências, bem como as características do mercado de trabalho.

Este capítulo tem como finalidade discutir questões presentes na atualidade, possibilitando ao leitor refletir sobre fatores externos e internos que podem impactar o processo de atração, e apresentar as estratégias e os meios de atração mais utilizados pelas organizações.

# Mercado de trabalho

Segundo Lacombe (2004), o mercado de trabalho, caracterizado como a oferta e a procura de profissionais em determinada região, influi na determinação do valor da remuneração, dos benefícios e nas condições de trabalho para cada tipo de profissional. Para efeito de nossa discussão, o mercado de trabalho será abordado no aspecto da relação entre a oferta e a procura de empregos em um determinado momento, que é influenciada por fatores socioeconômicos e políticos, bem como por algumas tendências do mundo do trabalho que afetam significativamente essa equação.

Pastore (1998) defende que uma análise dinâmica do mercado precisa considerar os efeitos de qualquer mudança em um segmento na cadeia, que envolve subcontratadas, fornecedores, clientes e outras empresas relacionadas. Nesse processo de transformação, muitos postos de trabalho são destruídos, criados e deslocados de um setor para outro. O tempo para criação de novos postos é bem superior ao da sua destruição.

Nas últimas décadas, vários empregos foram deslocados da área industrial para a de serviços. As inovações tecnológicas continuam gerando também novas oportunidades de trabalho. Ainda segundo o autor, os postos de trabalho se deslocaram geograficamente. A oferta de trabalho está se globalizando, ou seja, a contratação de pessoas não se restringe mais às fronteiras de um país. Observou-se também a precariedade de alguns postos de trabalho, salários mais baixos e perdas de algumas conquistas dos trabalhadores.

As estruturas organizacionais das empresas modernas se apoiam em arquiteturas com menos níveis hierárquicos, mais enxutas e flexíveis, contribuindo para o aumento de outras modalidades de contratação, como trabalho temporário, cooperativas, subcontratação de serviços e ainda o avanço da terceirização de atividades.

Mudanças na natureza do trabalho, que atualmente requer muito mais características intelectuais, além dos aspectos comportamentais relacionados com as atitudes e valores individuais, têm impacto nas competências que são exigidas dos candidatos. O que se observa, de modo geral, é a elevação do nível de exigência dos requisitos para o trabalho, principalmente os relacionados com a formação, e a valorização das competências comportamentais. Esse panorama reflete-se na quantidade de pessoas que se encontram qualificadas para concorrer a uma vaga no mercado de trabalho. Em algumas áreas, como as de tecnologia e de telecomunicações, por exemplo, o conhecimento torna-se obsoleto rapidamente, requerendo o domínio de novas competências. Nessa situação, pode-se ter dificuldade de encontrar no mercado pessoas com o perfil de competências desejado, o que irá influenciar nas fontes e meios de atrair os candidatos.

Nos casos em que o número de ofertas de vagas é maior do que a de candidatos, maiores serão os esforços necessários para atrair interessados. As fontes e meios de atração deverão ser mais focados, isto é, exigirão que se conheça bem onde se encontram esses profissionais e o que é necessário oferecer para atraí-los. Eles podem ser candidatos passivos, isto é, nem sempre estarão à procura de um emprego, havendo necessidade de despertar seu interesse, seduzi-los e até "roubá-los" dos concorrentes.

Na situação inversa, que se caracteriza por uma oferta de vagas menor do que a procura dos candidatos, contribuindo para o acirramento da disputa entre eles, os investimentos na fase de atração serão menores, exigindo maior ênfase na fase de pré-seleção dos candidatos para fazer a triagem dos melhores.

## Por que atração?

Partimos da premissa de que não são apenas as organizações que escolhem os melhores profissionais. Eles também escolhem as organizações que apresentem propostas atrativas na perspectiva do candidato.

Fatores de atração e de retenção, tais como a imagem da empresa no mercado, a oferta de desafios, a perspectiva de crescimento, a liberdade de ação e o clima organizacional favorável despertam, mais do que a remuneração, o interesse dos profissionais.

As organizações que desejam atrair profissionais competentes devem cuidar de suas imagens. A forma como exercem a responsabilidade social com os diversos grupos – empregados, comunidade e sociedade – influencia os conceitos que terão na visão dos candidatos em potencial. Precisam também definir claramente suas demandas de pessoal, requisitos básicos e perfis de competências, buscando serem proativas no levantamento dessas necessidades e obtendo maior tempo para planejar estratégias mais eficazes de atração.

O levantamento de informações para conhecer a oferta de profissionais no mercado de trabalho, seus hábitos e interesses, bem como as propostas oferecidas pelas empresas concorrentes são caminhos efetivos para o sucesso da atração de profissionais competentes.

Como argumenta Almeida (2004), o processo de atração e seleção requer uma abordagem integrada com os demais subsistemas de gestão de pessoas, como o de desenvolvimento e o de retenção. Para atrair profissionais competentes, a organização deve ter políticas que valorizem o capital humano, dando a esses profissionais oportunidades de se desenvolverem e de crescerem em suas carreiras. Finalmente, as organizações necessitam ter políticas de gestão de pessoas flexíveis, que permitam, no momento da celebração do contrato de trabalho, negociar com seus empregados as expectativas de ambos.

A primeira decisão a ser tomada quando se planeja um processo de atração e seleção é onde buscar o profissional desejado, definindo-se a estratégia de atração a ser utilizada – se externa ou interna.

## Estratégias de atração

O termo estratégia remete a forma de proceder para atingir determinado objetivo, buscando a melhor relação custo *versus* benefício. Em outras palavras, ao atrairmos os melhores candidatos, temos de ser eficazes e eficientes. Na etapa de atração, deseja-se obter candidatos com perfil adequado ao direcionamento estratégico da organização e ao cargo a ser preenchido e evitar que pessoas sem os requisitos e competências necessários se candidatem.

Busca-se qualidade e não quantidade, o que requer clareza quanto a: qual o direcionamento estratégico da organização? Quais os requisitos e as competências necessários ao profissional que estamos querendo atrair? Onde estão esses candidatos? Quais são seus hábitos e os meios de comunicação que mais acessam? Qual o diferencial da empresa para atrair o perfil de profissional desejado? Essas e outras questões semelhantes são importantes para dar foco à estratégia de atração a ser traçada.

Outra decisão a ser tomada é quanto ao momento adequado de iniciar o processo de atração – optar por uma estratégia de curto ou de médio prazo. A primeira, ainda muito usual, vincula o início da atração de candidatos ao fato de uma vaga precisar ser preenchida. A segunda forma implica a criação de canais de relacionamento com os potenciais candidatos, mantendo-se contato frequente, de forma a oferecer vagas assim que elas surjam.

As estratégias de atração variam também de acordo com as políticas de gestão de pessoas adotadas pela organização. Por exemplo, uma organização que tem como política de gestão oferecer aos seus empregados oportunidades de desenvolvimento e de crescimento profissional, antes de atrair pessoas no mercado de trabalho, procurará preencher suas posições em aberto com as competências disponíveis internamente. A divulgação das vagas no mercado externo só deverá ocorrer depois de esgotadas as possibilidades internas. Tendo em vista aumentar as possibilidades de as pessoas estarem prontas para concorrer às novas posições de trabalho, a empresa procurará desenvolver (ou apoiar o desenvolvimento de) competências por meio de programas de capacitação e de educação continuada, invertendo o paradigma tradicional de "selecionar e treinar" para o de "treinar e selecionar".

Organizações que, em função dos produtos ou serviços que oferecem, priorizam vínculos de trabalho temporário, trabalho contingencial e terceirização de serviços, enfatizam mais a estratégia externa de atração, buscando profissionais no mercado de trabalho.

Ênfase semelhante é adotada por organizações que necessitam fazer mudanças radicais em suas culturas e processos de trabalho, e que não se prepararam estrategicamente para essas mudanças, sendo levadas, então, a buscar pessoas fora da empresa.

## Atração externa

A atração externa dá-se quando a empresa busca, no mercado de trabalho, candidatos para determinado processo seletivo. Essa decisão está geralmente relacionada com a política da organização, que tem como estratégia a "oxigenação" periódica de seu quadro de empregados como forma de incorporar novas competências.

Há empresas que, pelas características de sua estrutura de cargos, buscam candidatos externos para todos os níveis, e outras que o fazem apenas para os níveis hierárquicos iniciais, reservando os demais para a atração interna.

Quando as organizações buscam candidatos dentro de suas fronteiras para participarem dos processos seletivos, estamos falando de atração interna. Esta deve estar atrelada à criação de novas oportunidades profissionais e de desenvolvimento de competências internas para que os empregados possam estar aptos a concorrer às vagas que forem oferecidas.

Para viabilizar essa estratégia é necessário que os gestores apoiem a participação de seus empregados nos processos seletivos internos da organização, cumprindo com seu papel de corresponsáveis pelo desenvolvimento desses profissionais. Da mesma forma, a área de gestão de pessoas deve apoiar o gestor, propiciando a substituição daqueles empregados que forem selecionados para as novas posições.

## Atração interna

A atração de candidatos internos tem características bem distintas daquelas verificadas na atração de candidatos externos. Como os internos conhecem bem a organização e sua cultura, não há necessidade de trabalhar a dimensão de atratividade, isto é, mostrar os benefícios e vantagens de se trabalhar na organização. A ênfase passa a ser, então, a divulgação interna das oportunidades de trabalho e das competências necessárias para concorrerem às vagas abertas. Dessa forma, estimulam-se também os processos de sucessão, a autogestão das carreiras pelos empregados e sua motivação e retenção.

Decidida a estratégia de atração a ser adotada, devemos selecionar os meios de atração que serão utilizados. Para fazer escolhas adequadas, o selecionador deve ter um bom conhecimento da situação de mercado para os perfis que deseja atrair.

## Meios ou fontes de atração

Denominam-se meios ou fontes de atração todos os veículos que são utilizados pelas organizações para divulgar suas vagas interna ou externamente. A atração de profissionais competentes e alinhados com a organização requer que se conheça em profundidade o perfil dos potenciais candidatos, para localizar com a maior precisão possível onde eles se encontram e o que os atrai. Deve-se também procurar estratégias que tragam resultados com menores custos.

Algumas variáveis precisam ser consideradas quando da escolha dos meios adequados de atração, destacando-se alguns pontos: a natureza das atribuições a serem desempenhadas e das competências necessárias, a relação entre oferta e demanda de vagas no mercado, os recursos disponibilizados pela organização, o tempo previsto para o preenchimento da vaga e os custos envolvidos.

Algumas organizações, tendo em vista a otimização dos processos de atração, investiram na criação de equipes especializadas, dedicadas exclusivamente a essa atividade, tamanha sua importância estratégica e a quantidade de pesquisas e de contatos que requerem dos técnicos da área.

A seguir, apresentamos os meios de atração mais utilizados atualmente pelas organizações, tecendo alguns comentários sobre como melhor aproveitá-los.

## Sites corporativos ou de empregos

Esse é um dos meios de atração preferidos por muitas organizações para atrair candidatos. Os *sites* corporativos geralmente possuem um *link* para divulgação das oportunidades de trabalho existentes em determinada organização, permitindo às pessoas que se interessam pelas posições divulgadas registrarem-se para processos seletivos que estejam em andamento ou que venham a ser deflagrados. O processo inicia-se a partir do preenchimento de formulários padronizados que solicitam dados curriculares sucintos e, em algumas situações, o encaminhamento do currículo.

Existem *sites* corporativos mais sofisticados, que condicionam o registro dos candidatos ao resultado da avaliação do ajustamento do perfil do candidato a parâmetros especificados pela organização. Essa é uma forma de manter os bancos de currículos mais enxutos, evitando que as bases de dados fiquem lotadas de candidatos não qualificados, o que proporciona maior agilidade nas etapas subsequentes do processo seletivo.

Os *sites* corporativos têm como vantagem propiciar aos candidatos muitas informações sobre a organização, oferecendo um retrato do que ela é. Nesses *sites*, podemos encontrar a missão, os valores, os serviços e os produtos oferecidos, o perfil das oportunidades, o perfil de competências, os benefícios, as políticas de gestão de pessoas e o código de ética. Quando se trata de *sites* de empregos, mantidos por consultorias especializadas em atração e seleção, essas informações não são disponibilizadas, pois atendem a posições de várias organizações clientes.

O uso de *sites* como meio de atração agiliza o trabalho de análise e o tratamento das informações curriculares dos candidatos, que são feitos de maneira automatizada. Se as oportunidades referem-se a processos seletivos em andamento, as informações curriculares dos candidatos são comparadas com o perfil de competências definido pelo requisitante. Os candidatos classificados para as etapas subsequentes do processo seletivo serão convocados via *e-mail* ou telefone. Quando não existem posições em aberto, as informações sobre os candidatos são armazenadas. Tão logo surjam oportunidades, o próprio sistema faz uma busca, geralmente com base em palavras-chave, e identifica os candidatos que atendem ao perfil desejado e que devem ser convocados.

A utilização de *sites* como único meio de atração inviabiliza a participação de candidatos que ainda não têm acesso à internet, fato muito comum em um país como o Brasil, que ainda apresenta alto índice de exclusão digital, o que torna os *sites* não apropriados para a atração de candidatos para oportunidades de trabalho menos qualificadas.

## Redes sociais

A utilização das redes sociais para fins de atração mudou significativamente a forma de as organizações buscarem candidatos. Ao invés de esperar que eles procurem as organizações, a premissa é buscar os candidatos utilizando as redes sociais para oferecer vagas e conhecê-los melhor, o que não se consegue somente pela leitura de um currículo. Dessa forma, atinge-se não somente candidatos ativos, que estão em busca de empregos, mas também os passivos, ou seja, aqueles que estão empregados e que podem ser seduzidos por uma proposta atraente.

Burns (2009) chama a atenção para as diferentes formas de utilizar as redes sociais. A primeira, e ainda a mais usual, tem como finalidade somente a divulgação de vagas, sem investir esforços para engajar-se com as pessoas e construir uma rede de relacionamento com elas.

A expectativa de uma pessoa que responde a uma vaga por meio de uma rede social é a de receber uma resposta ou mesmo de manter um relacionamento com pessoas que trabalham na organização, para conhecê-la melhor. A ausência de resposta é vista de forma desfavorável e, com o tempo, esse meio de atração perde seu valor e credibilidade.

O recrutador que utiliza a rede social como estratégia de aquisição e gerenciamento de talentos precisa estar comprometido em construir relacionamentos com as pessoas. É lógico que isso traz muito mais trabalho para a área de gestão de pessoas. Corporações que já entenderam a importância das redes sociais para atrair candidatos mantêm uma equipe de recrutadores para se dedicar ao relacionamento com os potenciais candidatos.

Uma questão bastante controvertida é a utilização das redes sociais para conhecer e pré-selecionar os candidatos que estão concorrendo a uma vaga. Os recrutadores que defendem a ideia argumentam que, ao se exporem, as pessoas sabem que estão dando publicidade às informações e imagens pessoais. Aquelas que não querem que suas vidas pessoais sejam expostas tomarão maiores cuidados e utilizarão recursos disponíveis, nas mídias, para proteger suas informações.

Há, entretanto, aqueles que consideram que o uso que se faz desse tipo informações deve passar pelo crivo do candidato. Nesse sentido, algumas empresas optam por deixar *links* optativos ao candidato nos formulários de currículos, dando a ele a liberdade de escolher se quer ou não deixar a empresa acessar suas redes sociais. Desta forma, somente os candidatos que autorizam tal pesquisa são submetidos a análises de perfis pessoais em sua avaliação profissional.

Algumas organizações dispõem vídeos curtos na internet com a finalidade principal de oferecer uma visão de como é trabalhar na empresa, bem como das oportunidades de trabalho. Eles permitem aos candidatos potenciais perceberem o ambiente de trabalho e sentirem o clima da organização a partir de depoimentos dos empregados e gestores que ali trabalham. Com o desenvolvimento das novas tecnologias da internet e do telefone móvel, esses vídeos podem ser assistidos por qualquer pessoa em qualquer lugar. Podem ser colocados nos *sites* corporativos, em *sites* populares como o Youtube ou em celulares.

*Anúncios em jornais e em revistas especializadas*

Anúncios na mídia impressa ainda são um meio muito utilizado pelas organizações na atração de candidatos para diversas funções nos níveis operacional, técnico e gerencial. A decisão por essa forma de divulgação deve-se pautar por alguns critérios que influenciam seu resultado, a saber:

❏ os recursos existentes, como tempo e dinheiro;
❏ a escolha de um jornal ou de uma revista que tenha boa circulação entre o público-alvo. Alguns jornais possuem cadernos específicos de empregos que são publicados semanalmente;
❏ o tempo que o anúncio será veiculado influencia a quantidade de candidatos que responderão ao chamado. Para profissões cuja demanda por vagas é maior que a oferta, o tempo de veiculação do anúncio pode ser reduzido, diminuindo custos;
❏ as características do anúncio em termos de conteúdo, quantidade, clareza e transparência das informações disponibilizadas devem ser planejadas para possibilitar uma boa avaliação por parte dos candidatos e não levantar falsas expectativas. Se a empresa possui um *site* em que informações mais detalhadas podem ser acessadas, deve indicá-lo.

Existem alguns anúncios em que o nome da empresa não aparece, solicitando-se que os candidatos remetam suas informações para locais e endereços divulgados; trata-se dos anúncios fechados. Vários motivos podem levar a organização a proceder dessa maneira, entre eles interesses ligados ao sigilo de informações consideradas estratégicas. Porém, esse tipo de chamado pode despertar desconfiança nos candidatos, porque a ausência de identificação talvez esteja tentando encobrir uma imagem desfavorável da organização. Os anúncios abertos, ao contrário, identificam a organização que está disponibilizando a vaga.

Quando se pretende atrair profissionais com alto grau de especialização, recomendamos a veiculação do anúncio em revistas técnicas, cujos leitores, possivelmente, tenham as competências que se deseja atrair.

## Indicação de empregados

Trata-se de aproveitar os conhecimentos dos empregados, incluindo os gestores e profissionais da área de gestão de pessoas, sobre a cultura empresarial e sobre o trabalho para torná-los parceiros e corresponsáveis na atividade de atrair talentos para dentro da organização. Muitos desses programas são estruturados, têm suas próprias regras de funcionamento e ainda gratificam, por meio de bonificações e premiações, aqueles que fazem indicações de pessoas que, após passarem por todas as etapas dos processos seletivos, são aproveitadas pela organização. Esses programas se apoiam em indicações baseadas em *networking*, a rede de relacionamento profissional que as pessoas mantêm e que vem se constituindo em uma estratégia de marketing pessoal bastante estimulada.

Vale contrapor à seriedade dos programas de indicação, tendo em vista os objetivos a que se propõem, a arbitrariedade do famoso QI (quem indica), que concede às pessoas indicadas alguns privilégios, que incluem, muitas vezes, a supressão de algumas ou, não raro, de todas as etapas de seleção.

Sullivan (2008) propõe alguns mecanismos que podem aumentar a qualidade dessas indicações:

❑ formulário que, ao ser preenchido, desestimula o empregado a indicar pessoas que não conhece. O processo exige que o empregado detalhe como ele conheceu a pessoa, quais as competências/habilidades da pessoa são excepcionais e os motivos pelos quais ela se ajustaria ao perfil da organização. Essa necessidade de fundamentar as indicações ajuda a limitar o número de indicações feitas de forma descompromissada;

❑ premiar indicações bem-sucedidas, por meio de pagamento de bônus, sorteio de passagens e estadias, sempre que um dos candidatos indicados pelo empregado for chamado para uma etapa mais avançada da seleção, como uma dinâmica ou entrevista. Pode-se permitir que o empregado conceda parte do seu bônus para ajudar instituições carentes, proporcionando também outra razão altruística para fazer indicações bem-sucedidas.

O importante é que, mesmo sendo um candidato indicado, o que supre a fase de atração, não devemos, em qualquer hipótese, abrir mão do processo de seleção, ou seja, da aplicação de instrumentos que sustentem a escolha final.

## Caçadores de talentos ou headhunters

São especialistas, autônomos ou ligados às consultorias, que têm como principal atividade seduzir, para posições estratégicas da organização, profissionais com alto grau de especialização e que raramente se encontrarão desempregados. É um meio utilizado com menor frequência pelas organizações, em função de suas características e de seu alto custo. Normalmente, o custo desse tipo de serviço toma como base a média do salário anual que o profissional selecionado terá.

Para atrair os talentos, esses profissionais preferem uma abordagem mais direta, como a participação em seminários, encontros e eventos na especialidade para a qual a organização está buscando os talentos, com a finalidade de observá-los, e convites para um encontro social, podendo ser almoços ou jantares, para conhecer melhor o profissional. Os caçadores de talentos utilizam seus contatos para identificar talentos, o que requer que eles tenham uma rede de relacionamento bem atualizada. Como o foco da atração é, geralmente, voltado para os candidatos passivos atuando em sua área de especialização, toda a estratégia de atração é feita em total sigilo, para preservar os profissionais de qualquer situação constrangedora. Alguns *headhunters* extrapolam os limites éticos esperados, buscando informações sobre o candidato não pertinentes ao preenchimento dos requisitos da vaga e utilizando-as como estímulo para atraí-los.

*Realização de palestras em instituições de ensino*

Esse meio é muito utilizado na atração de estudantes para programas de estágios e programas de *trainees*. Tem como finalidade despertar o interesse dos universitários e estudantes de cursos técnicos para a empresa e também para posições que ainda não são muito conhecidas no mercado de trabalho. Trata-se de um trabalho de marketing em que um dos objetivos é divulgar a organização e trabalhar sua imagem nesse segmento. As palestras normalmente envolvem as áreas de gestão de pessoas das empresas e alguns de seus principais executivos e utilizam, como recursos, vídeo institucional e outros documentos informativos.

*Consultorias na área de recursos humanos*

Nas últimas décadas, observa-se o crescimento do número de empresas que oferecem serviços de atração e de seleção para empresas que querem contratar pessoas que resultaram na sua transformação em unidades de *staff* aos gestores; observa-se, cada vez mais, a utilização de consultorias que oferecem serviços de atração e de seleção para empresas que querem contratar pessoas. Uma das tendências da área de atração e de seleção das organizações é a de otimizar e centralizar seus esforços na prestação do serviço de atendimento ao cliente interno, o que implica, muitas vezes, a decisão de terceirizar algumas ou todas as atividades nessa área, sem abrir mão da escolha final dos candidatos que serão contratados. Existem também organizações que optam em terceirizar a maioria de seus processos seletivos, ficando responsáveis em desenvolver somente aqueles que consideram estratégicos.

Um dos fatores críticos de sucesso dos trabalhos entre as parceiras – organização e terceirizada – é o total alinhamento entre os serviços oferecidos e o perfil de competências para o qual se deseja a contratação, devendo a consultoria ter profundo conhecimento dos negócios do seu cliente e de suas demandas, precisando existir um grande entrosamento entre as equipes de gestão de pessoas das parceiras e os gestores requisitantes ou "donos da vaga". Vale ressaltar que ninguém conhece tão bem o perfil de competências necessárias para uma vaga do que o requisitante, ou gestor, que demanda pelo seu preenchimento.

As consultorias de RH possuem uma estratégia contínua de atração para alimentar seu banco de candidatos, tendo em vista atender com agilidade às solicitações das empresas clientes. A atração pode ser feita por meio de *site* específico, anúncio em jornais e agendamento de dias na semana para entrega de currículos.

Os custos dos serviços prestados dependem muito do tipo de contrato estabelecido entre as partes, mas têm no salário do empregado a ser contratado um dos parâmetros. Algumas consultorias oferecem também serviços de recolocação de pessoal e de *headhunters*.

Ainda que a rapidez de resposta possa ser considerada um fator de atratividade ao uso desse meio, o custo e o não conhecimento da cultura e da ambiência organizacional podem ser fatores que a contraindiquem.

### Banco de candidatos e banco de talentos

Como forma de registrar e armazenar informações curriculares de pessoas que se candidatam a uma vaga atraídas por alguns dos meios de atração que comentamos anteriormente, as organizações utilizam o que se convencionou chamar de "banco de candidatos" da empresa X. A qualquer momento, consultando esse banco, a organização pode chamar candidatos às vagas para um primeiro contato, além dos que foram aprovados em algumas das etapas do processo seletivo, mas não prosseguiram ou não foram contratados.

Um banco de talentos, diferentemente do banco de candidatos, é estruturado a partir do resultado do mapeamento das competências dos empregados que trabalham na organização. Para tanto, a organização identifica suas competências essenciais, formula suas estratégias e as desdobra no perfil das competências individuais ou profissionais necessárias. A seguir, identifica ou mapeia as competências existentes na organização e as que deverão ser atraídas de fontes externas ou desenvolvidas internamente. Os resultados de avaliações de potenciais ou de avaliações de desempenho, quando realizadas pelas organizações, podem ser registrados nesse banco.

Essas informações e outras a respeito da vida funcional das pessoas, como os treinamentos realizados e o progresso profissional, são armazenadas no banco de talentos e devem ser constantemente atualizadas.

O arranjo adequado e o suporte informatizado desse banco permitem a rápida identificação dos talentos que possuem as competências desejadas para suprir as necessidades da organização. Por exemplo, nos dias correntes, se você deseja selecionar, entre os candidatos internos ou externos que estão em seu banco, um engenheiro mecânico com 10 anos de experiência, que fale fluentemente inglês e tenha trabalhado no exterior, você clica em "formação" e, a seguir, em "engenharia"; escolhe a especialidade, informa uma faixa que compreenda o tempo de formado e, assim, especifica todas as outras exigências. Pronto! O sistema realiza uma primeira triagem e o seu banco mostra apenas o que você deseja.

Portanto, o banco de talentos subsidia a área de gestão de pessoas da organização para a realização de seleção interna de empregados para outras vagas, formação de equipes de trabalho temporárias, seja com a finalidade de desenvolvimento de determinado projeto, melhoria de processos de trabalho ou comissões, bem como nas decisões de transferência dos empregados para outros setores ou unidades de negócios da organização.

Almeida (2004) cita o programa "Talentos e Oportunidades" (TAO) do Banco do Brasil S/A para exemplificar como algumas organizações divulgam suas oportunidades de trabalho por intermédio de seus bancos ou rede interna de comunicação (intranet), permitindo que os empregados gerenciem suas próprias carreiras, desenvolvendo competências para estarem aptos e participar dos processos seletivos internos.

## Intranet

É muito utilizada quando se opta pela atração interna de candidatos, também servindo de apoio à indicação pelos empregados. As informações sobre as vagas, os requisitos e o perfil de competências são divulgados para todos os empregados da organização, permitindo que aqueles que possuem o perfil solicitado possam se inscrever nos processos seletivos ou fazer indicações de profissionais de sua rede de relacionamento.

## Cadastro de ex-empregados da organização

Observa-se, atualmente, o que muitos profissionais da área costumam chamar de "efeito bumerangue", que significa a contratação de ex-empregados ou profissionais que tiveram alguma forma de vínculo com a organização – funcionários temporários, consultores e prestadores de serviços. Esse tipo de contratação baseia-se no desempenho passado do candidato, que é um indicador de seu provável desempenho futuro.

Por essa razão, o cadastro de ex-empregados atualizado também é um bom veículo para atração de candidatos. Sua efetividade depende de um relacionamento constante da área de gestão de pessoas com esses profissionais, mantendo-os interessados, por meio de informativos sobre a organização, convites para participarem de eventos internos e externos, entre outras formas de relacionamento.

## Cartazes

Podem ser utilizados na atração externa ou interna. Devem conter informações sucintas sobre o processo seletivo e geralmente fornecem orientações sobre os procedimentos a serem adotados pelos interessados. Sua fixação deve ser bem planejada, levando-se em consideração os hábitos e os locais mais frequentados pelo público-alvo.

## Cadastro de outras empresas

Empresas de segmentos e ramos iguais ou similares que mantenham algum tipo de parceria ou que pertençam a um mesmo grupo podem compartilhar indicações e informações sobre talentos. Essa estratégia minimiza custos e pode otimizar seus investimentos em atração.

Definida a melhor estratégia de atração e selecionados os meios de atração a serem utilizados, dando continuidade ao planejamento do processo seletivo, é o momento de se definir a estratégia a ser adotada para selecionar os melhores profissionais para o cargo a ser preenchido. No próximo capítulo, iremos apresentar as atividades que constituem cada etapa do processo de seleção de pessoas, comentando suas peculiaridades e enfatizando as decisões que lhe são inerentes.

# 3

# O processo de seleção

Você já tomou conhecimento da posição central que as competências ocupam no processo seletivo. Também já está ciente de que a primeira etapa de um processo seletivo é a atração, cujo objetivo é constituir um grupo de candidatos interessados em determinada vaga. Uma vez que esses candidatos tenham se apresentado, precisaremos analisar se eles possuem as competências necessárias que lhes possibilitem não só executar com eficiência e eficácia as atribuições que estarão sob sua responsabilidade, como também aperfeiçoar os processos nos quais irão se inserir. Para realizar essa análise, será necessário comparar os candidatos para escolher qual deles apresenta o perfil de competências o mais próximo possível do desejado. Esse é o objetivo da etapa de seleção, que será o objeto de nossa atenção neste capítulo.

A seleção configura-se, então, como um processo de avaliação por meio do qual tomamos a decisão. Para que essa decisão tenha qualidade, será necessário realizar um conjunto integrado de atividades. A partir das contribuições de Bueno (1995), Banov (2010), Pearson Education (2010), propomos uma dinâmica da etapa de seleção que consideramos mais adequada e que inclui a triagem, a avaliação dos candidatos, a decisão final, o *feedback* aos participantes e a ambientação dos novos empregados.

## A triagem

Sabemos que nem todos os candidatos que foram atraídos para participar de um processo seletivo possuem o perfil de competências que está sendo procurado. Dessa maneira, concluída a atração, inicia-se a etapa de triagem, cujo objetivo é identificar, entre os candidatos que se apresentaram, aqueles que atendem aos requisitos básicos e que têm maior probabilidade de possuírem as competências que a organização está procurando. A triagem é realizada por meio da análise curricular e de entrevistas para confirmação dos dados apresentados pelos candidatos.

A análise curricular é, geralmente, o primeiro passo da triagem e funciona como filtro inicial. A partir das informações fornecidas no currículo será possível formar uma primeira impressão sobre as qualificações dos candidatos, sobre sua adequação ao perfil da posição para a qual se candidatou.

Ao avaliarmos um currículo, devemos nos concentrar nas realizações do candidato, na busca por informações sobre os resultados que ele gerou para as organizações em que trabalhou. Veja o exemplo de uma candidata à vaga de gerente de recursos humanos – parceiro de negócios, em uma empresa de organização de eventos esportivos localizada no Rio de Janeiro: a candidata informa que, em uma das empresas em que trabalhou, reduziu a taxa de rotatividade de pessoal de 30% para 15%, num período de um ano. Esse tipo de dado relata uma realização concreta e específica do candidato e é uma boa indicação de sua capacidade de trabalho.

O desenvolvimento da carreira é outro ponto que devemos considerar. Destacamos que a concepção contemporânea de carreira não se refere a uma sucessão de cargos, mas sim, tal como propõe Dutra (2004), a uma ampliação do espaço ocupacional, entendido como o nível de complexidade das atribuições e das responsabilidades de um empregado. De acordo com essa concepção, um currículo pode descrever uma sucessão de cargos de mesmo nível de complexidade, sugerindo um profissional que, mesmo tendo passado por diferentes cargos e diferentes empresas, executou atividades com o mesmo nível de complexidade e não assumiu novas e maiores responsabilidades.

A estabilidade é também um aspecto que devemos avaliar em um currículo. Mesmo que atualmente seja muito valorizada a diversidade de experiências profissionais, não sendo mais, necessariamente, desejado que um profissional desenvolva toda a sua carreira em uma mesma empresa, não podemos esquecer que qualquer resultado precisa de tempo para ser produzido. Currículos que descrevem vínculos de trabalho de curta duração em diversas organizações podem estar indicando candidatos sem capacidade de gerar resultados suficientes para sustentar esses vínculos.

Por outro lado, vínculos de trabalho de longa duração não devem, *a priori*, ser considerados negativos e tomados como indicadores de acomodação e falta de ambição, pois o espaço funcional ocupado por um profissional em uma mesma organização pode ser tão amplo, envolvendo altos níveis de complexidade das atribuições e de responsabilidades, que esse aspecto pode compensar o pequeno número de organizações a que esteve vinculado ao longo de sua carreira.

A consistência das informações fornecidas, a clareza e a precisão na descrição dos resultados de trabalho são aspectos que também merecem atenção. A incoerência pode ser um indicador de informações inverídicas.

Se houver aspectos do currículo que, apesar da incoerência, justifiquem incluir o candidato no processo seletivo, tal incoerência deverá ser cuidadosamente investigada na triagem. Foi o que aconteceu no processo seletivo para um cargo de fisioterapeuta, em uma consultoria de qualidade de vida, no Rio de Janeiro. Os candidatos precisavam apresentar certificação de formação em uma modalidade de atendimento, certificação essa que não estava sendo fácil de ser encontrada nos currículos recebidos. O currículo de um candidato, entre os que possuíam essa certificação, sugeria uma incoerência entre as qualificações relatadas e o tempo de permanência num único vínculo empregatício. Face à dificuldade de encontrar candidatos com o perfil desejado, esse currículo foi selecionado e, na entrevista de triagem, foi possível esclarecer que o candidato apenas registrou o período em que teve vínculo formal de trabalho, sendo que já trabalhava na empresa há seis anos, mas somente teve a carteira de trabalho assinada a partir do quinto ano de serviço.

Fique atento à profusão de dados pessoais e às extensas descrições de instrução, pois pode ser um sinal de que o candidato pode estar tentando disfarçar a falta de qualificação, tentando dar "volume" ao currículo. Lembre-se sempre: o foco deve incidir sobre as realizações do candidato, pois são elas que permitirão inferir se ele tem as competências desejadas.

Lacunas de tempo entre as experiências de trabalho relatadas também merecem atenção. Em uma carreira bem-estruturada, espera-se que a transição de um emprego para outro ocorra sem intervalos de tempo significativos. A existência de lacunas, contudo, não é fator desabonador do candidato. Há lacunas que não dependem de vontade pessoal, como é o caso de acidentes que implicam incapacidade temporária, problemas de saúde pessoais ou na família.

Outro tipo de lacuna é aquela gerada por uma deliberação pessoal, fruto de um planejamento, como é o caso de afastamentos para qualificação – cursos de especialização, mestrado e doutorado – ou para experiências internacionais. Um bom exemplo é o caso de um ex-superintendente do Serviço de Proteção ao Crédito (SPC Brasil), que deixou a organização em 2006 para viver um período no exterior. De volta ao Brasil, seu currículo apresentava uma lacuna, que, contudo não o impediu de ser indicado por uma agência de *outplacement* para se candidatar a uma vaga de diretor administrativo-financeiro. Mesmo com a lacuna no currículo, o candidato possuía um perfil de competências tão importante para a empresa, que justificou investigar os motivos que o levaram a interromper sua carreira no Brasil.

O passo seguinte à análise curricular é a entrevista de triagem que, segundo Almeida (2004), tem como objetivo esclarecer alguns aspectos do currículo do profissional e estabelecer as primeiras impressões sobre algumas de suas características. Entre elas estão: apresentação pessoal, atitudes, capacidade de expressão e comportamento. Trata-se de uma entrevista superficial, mais breve e que suscitará pontos a serem aprofundados ao longo da seleção.

Como o tempo é uma variável crucial nos processos seletivos, em algumas circunstâncias, a entrevista de triagem também pode ser realizada por telefone ou por meio de mídias digitais, como o Skype. Tal procedimento é justificável quando estamos diante de um currículo que revela competências essenciais à função para a qual estamos selecionando, mas há também dúvidas sobre outras competências indispensáveis. Se essas dúvidas puderem ser dirimidas por meio de um telefonema ou de uma entrevista *on-line*, evita-se que o tempo do selecionador e do candidato seja desperdiçado. Podemos citar como exemplo a mesma seleção para o cargo de fisioterapeuta a que nos referimos anteriormente. O requisitante da vaga definiu como pré-requisito a formação em reeducação postural global (RPG), com carga horária de 360 horas e fornecida por apenas duas instituições formadoras. Bons currículos foram recebidos. Contudo, a maioria deles não indicava nem a carga horária do curso, nem a instituição formadora. O selecionador, então, fez contato telefônico com esses candidatos e verificou especificamente tais informações. Àqueles candidatos cuja carga horária da formação e instituição formadora não correspondiam ao definido pelo requisitante, foi explicada a situação e agradeceu-se o interesse em participar do processo seletivo.

Uma vez concluída a triagem e definidos os candidatos que participarão da seleção, será preciso avaliá-los. Esse processo de avaliação levará à escolha do candidato mais adequado e dependerá de uma série de informações que serão coletadas por meio das técnicas de seleção. É da avaliação dos candidatos que trataremos a seguir.

## A avaliação dos candidatos

Vimos, no primeiro capítulo, que a competência é um conjunto formado por conhecimentos, habilidades e atitudes. Na hora de avaliar os candidatos, precisaremos utilizar instrumentos adequados para identificar se possuem os conhecimentos, as habilidades e as atitudes de que a organização está precisando.

Já sabemos que os três elementos que constituem a competência são fundamentais para que haja a entrega efetiva de um resultado. Também já sabemos que as atitudes têm um papel decisivo nas entregas de um profissional. O que não havíamos comentado até agora é que, além de extremamente importante, a avaliação das atitudes é uma das maiores dificuldades de um processo seletivo. Um candidato pode descrever-se com uma pessoa solidária. Contudo, quem garante que, de fato, ele age de maneira solidária? É esta a dificuldade na avaliação das atitudes: não conhecemos as atitudes de uma pessoa a partir do que ela diz de si mesma, mas sim a partir do que ela faz, das suas ações concretas.

Na etapa de avaliação dos candidatos, portanto, além da avaliação cuidadosa dos conhecimentos e habilidades, uma especial atenção deve ser dada à avaliação das atitudes. Conhecimentos e habilidades podem ser desenvolvidos por meio de ações de qualificação. Já as crenças e valores que fundamentam as atitudes são elementos muito íntimos e produzidos ao longo de anos de aprendizagem.

Para a tarefa de avaliação das competências, há uma grande variedade de técnicas de seleção ao alcance dos profissionais de gestão de pessoas. Podemos agrupar as mais utilizadas nas seguintes categorias: testes, dinâmicas de grupo e entrevistas. As características, vantagens e desvantagens de cada uma dessas técnicas serão abordadas no capítulo 4, e, no momento, gostaríamos de chamar sua atenção para alguns aspectos gerais que você deve considerar na escolha das técnicas de seleção.

A utilização de técnicas em processos de seleção baseia-se no seu valor de predição, ou seja, na suposição de que há uma correspondência entre o desempenho obtido pelo candidato nas técnicas aplicadas e seu desempenho futuro no trabalho.

Um aspecto ao qual gostaríamos que você ficasse bastante atento refere-se ao fato de nenhuma técnica de seleção ser autossuficiente a ponto de poder ser utilizada isoladamente, como fonte exclusiva de informações sobre o candidato. Lembre-se de que, quanto mais informações sobre o candidato puder coletar, maior a probabilidade de você tomar a melhor decisão, pois é possível verificar a consistência dos dados coletados.

De modo geral, a avaliação dos candidatos inclui diversas técnicas, podendo envolver ações combinadas e que não possuem uma sequência específica, tais como:

- aplicação de testes;
- aplicação de dinâmicas de grupo;
- entrevista com o selecionador;
- entrevista com o requisitante da vaga;
- verificação de referências;
- avaliação médica.

A definição da sequência de realização dessas ações vai depender de peculiaridades de cada processo seletivo. Por exemplo, em processos seletivos para estagiários de grandes corporações, que chegam a ter milhares de inscritos em todo o país, a aplicação de testes de conhecimento como primeira etapa da seleção é um recurso bastante utilizado como barreira eliminatória inicial. Por outro lado, em processos seletivos em que não há muitos candidatos participando, podemos começar a seleção com uma dinâmica de grupo e avaliar o conhecimento por meio de perguntas técnicas em uma entrevista.

A avaliação do candidato não é uma responsabilidade exclusiva do selecionador. O requisitante da vaga, além de realizar entrevistas específicas com os candidatos, também deve ser chamado a participar da elaboração e avaliação dos testes de conhecimento – sejam eles testes escritos, práticos ou situacionais – e das sessões de dinâmica de grupo. O envolvimento do requisitante da vaga amplia seu comprometimento com os resultados do processo e aumenta a probabilidade de que a seleção seja bem-sucedida.

As técnicas de seleção são instrumentos de coleta de informações sobre o candidato. Mas, uma vez coletadas, essas informações precisam ser tratadas e organizadas, de maneira a possibilitar a avaliação dos candidatos.

De modo geral, boa parte dos selecionadores coleta as informações e faz inferências qualitativas sobre o fato de as informações evidenciarem ou não a presença das competências requeridas. Trata-se de um julgamento e, enquanto tal, sujeito ao viés da subjetividade.

Não há técnicas de seleção capazes de eliminar a subjetividade, mas é possível controlá-la de forma a fazê-la trabalhar a favor do julgamento, e não comprometê-lo. E como isso se torna possível?

Você deve se lembrar de que, no capítulo 1, propusemos que o perfil de competências fosse definido a partir de indicadores comportamentais. Vimos que esses indicadores são ações concretas, observáveis no dia a dia de trabalho. A definição dos indicadores é o primeiro passo para uma avaliação mais objetiva dos candidatos.

Mas podemos sofisticar um pouco o uso dos indicadores utilizando um tratamento matemático elementar. O tratamento matemático que será aqui proposto é baseado na metodologia do inventário comportamental, proposta por Leme (2007).

Uma vez que os indicadores estejam definidos, precisamos estabelecer pesos para eles. Para que isso seja feito, será preciso estabelecer uma escala numérica de avaliação. Recomendamos o uso de uma escala com cinco níveis, de 1 a 5. O peso de cada indicador será calculado dividindo-se o nível máximo da escala pela quantidade de indicadores. Vejamos um exemplo.

Em um processo seletivo para o cargo de gerente geral de uma empresa voltada para o público feminino, com serviços de salão de beleza, clínica estética, lanchonete, loja e espaço para eventos, a competência relacionamento interpessoal foi definida por meio dos seguintes indicadores:

❏ ouvir o que as pessoas têm a dizer;
❏ reagir com tranquilidade ao receber críticas;
❏ melhorar o comportamento em função de *feedbacks* recebidos;

- ajudar os colegas na realização das tarefas do grupo;
- fazer comentários positivos para os colegas;
- tratar bem os colegas de trabalho.

Como você pode ver, a competência foi expressa em seis indicadores. Como a escala de avaliação sugerida tem cinco níveis, dividindo cinco (nível máximo da escala) por seis (quantidade de indicadores) obtemos o peso de 0,83 para cada um dos indicadores. Se outra competência, digamos, flexibilidade, for definida por apenas três indicadores, dividindo cinco (nível máximo da escala) por 3 (quantidade de indicadores) obtemos o peso de 1,7 para cada indicador.

O passo seguinte é definir o que Leme (2007) denomina "nível de competência para a função" (NCF). No exemplo sobre o cargo de gerente geral, usamos a competência relacionamento interpessoal. Mas "quanto" dessa competência é necessário para o cargo de gerente geral? Para responder a essa pergunta vamos montar um quadro que deve ser preenchido pelo requisitante da vaga, se possível em conjunto com um empregado que já exerça a função. Será preciso analisar a necessidade de cada um dos indicadores comportamentais que definem a competência em questão, classificando-os como: muito forte, forte, normal ou não se aplica. O resultado dessa análise pode ser observado no quadro 4.

Leme (2007) recomenda que consideremos apenas os indicadores que forem classificados como muito fortes ou fortes, pois são esses que melhor definem a competência relacionamento interpessoal e que devem ser procurados nos candidatos.

## Quadro 4
### Mapeamento de comportamentos

| Comportamentos | Muito forte | Forte | Normal | Não se aplica |
|---|---|---|---|---|
| Ouvir o que as pessoas têm a dizer. | | | X | |
| Reagir com tranquilidade ao receber críticas. | X | | | |
| Melhorar o comportamento em função de *feedbacks* recebidos. | X | | | |
| Ajudar os colegas na realização das tarefas do grupo. | | | X | |
| Fazer comentários positivos para os colegas. | | | | X |
| Tratar bem os colegas de trabalho. | | X | | |

Fonte: Adaptado de Leme (2007)

No exemplo que estamos acompanhando, três indicadores enquadram-se nessa condição. O nível de competência da função (NCF) será calculado a partir da fórmula:

$$NCF = \frac{\text{Nível Máximo da Escala}}{\text{Quantidade de Indicadores da Competência}} \times \text{Quantidade de Indicadores marcados como "Muito Forte" ou "Forte"} = \frac{5}{6} \times 3 = 2,5$$

A fórmula nos indica que a função de gerente geral que estamos tomando como exemplo requer a competência de relacionamento interpessoal nível 2,5.

Considerando que todas as competências tenham sido definidas por meio de indicadores comportamentais, o cálculo do NCF deverá ser feito para cada competência. Uma vez definido o NCF de todas as competências, estamos prontos para avaliar os candidatos.

Tal avaliação, nos moldes que estamos apresentando, vai requerer a utilização de uma escala de avaliação, que pode ser uma escala simples ou uma escala ponderada.

A utilização da escala simples, tal como ilustrada pelo quadro 5, implica avaliar a presença ou ausência de cada um dos indicadores das competências.

Quadro 5
ESCALA SIMPLES DE AVALIAÇÃO

| Indicadores | Possui | Não possui |
|---|---|---|
| Reagir com tranquilidade ao receber críticas. | | X |
| Melhorar o comportamento em função de *feedbacks* recebidos. | X | |
| Tratar bem os colegas de trabalho. | | X |

O passo seguinte é calcular o que Leme (2007) denomina "nível de competência do entrevistado" (NCE). Para tal, multiplicaremos o total de indicadores que o candidato possui pelo peso de cada indicador. Retomando o exemplo, teremos 0,83 × 1. Temos, então, que o nível de competência do candidato em relacionamento interpessoal é 0,83.

O uso da escala simples possibilita uma justificativa objetiva para a nota 0,83: dos três indicadores possíveis para a competência relacionamento interpessoal, o candidato apresenta apenas um.

A utilização da escala ponderada, tal como a apresentada no quadro 6, implica uma avaliação qualitativa e, assim, está sujeita ao viés da subjetividade. Por isso, é fundamental que todos os profissionais envolvidos na avaliação dos candidatos sejam devidamente preparados para utilizar a escala e estejam informados sobre como funciona todo o sistema de avaliação. Tal como afirma Leme (2007), a sistematização do processo de mensuração minimiza os efeitos da subjetividade.

## Quadro 6
### ESCALA PONDERADA DE AVALIAÇÃO

| | |
|---|---|
| 1 | Não há indícios |
| 2 | Poucos indícios |
| 3 | Insuficiente |
| 4 | Atende com restrições |
| 5 | Atende plenamente |

O passo seguinte, então, é avaliar cada competência, a partir dos indicadores que a definem. Vamos voltar ao exemplo do processo seletivo do gerente geral, na avaliação da competência relacionamento interpessoal, conforme apresenta o quadro 7.

## Quadro 7
### AVALIAÇÃO DA COMPETÊNCIA RELACIONAMENTO INTERPESSOAL

| Indicadores | 1 Não há indícios | 2 Poucos indícios | 3 Insuficiente | 4 Atende com restrições | 5 Atende plenamente |
|---|---|---|---|---|---|
| Reagir com tranquilidade ao receber críticas. | | X | | | |
| Melhorar o comportamento em função de *feedbacks* recebidos. | | | | X | |
| Tratar bem os colegas de trabalho. | | X | | | |

Com base neste quadro, obtemos nível de competência do entrevistado (NCE), utilizando a fórmula:

$$NCE = \frac{\text{Soma dos pontos obtidos}}{\text{Quantidade de Indicadores da Competência}} = \frac{7}{3} = 2,3$$

Nesse exemplo, 2,3 seria a nota de um candidato à função de gerente geral, na competência relacionamento interpessoal. Aplicando essa metodologia, ao final da avaliação, cada candidato terá obtido notas em cada competência. É com base nessas notas que serão escolhidos quais candidatos serão encaminhados para a entrevista com o requisitante da vaga. Sugerimos que, sempre que possível, sejam encaminhados pelo menos três candidatos para a entrevista com o requisitante, para possibilitar certa margem de comparação. Esse número, contudo, dependerá de fatores tais como o número de candidatos participando do processo, a urgência no fechamento da vaga e a disponibilidade do requisitante para realizar as entrevistas.

A entrevista com o requisitante é a última etapa de coleta de informações antes que seja tomada a decisão final, tema que abordaremos na próxima seção.

## A decisão final

Após a avaliação dos candidatos, é chegado o momento de escolher aquele que será contratado. Nesse momento, é preciso que fique claro que a decisão não pertence ao selecionador, mas sim ao requisitante da vaga.

As informações coletadas durante a etapa de seleção deverão ser consolidadas em um relatório, no qual sejam analisados os pontos favoráveis e os pontos desfavoráveis de cada candidato, tomando como referência o perfil de competências previamente determinado. O relatório tem a função essencial de sistematizar as informações para fundamentar a escolha do candidato mais adequado. Dessa maneira, precisamos estar atentos para o fato de que, na maioria dos casos, o profissional que recebe o relatório não é um especialista em seleção e em avaliação de comportamento. Portanto, ao elaborar o relatório, o selecionador deverá ter a preocupação de usar linguagem clara, objetiva e descritiva, procurando evitar jargões e termos técnicos específicos de determinadas áreas de conhecimento.

Se utilizarmos a metodologia quantitativa proposta por Leme (2007), que apresentamos a você quando falamos sobre a avaliação dos concorrentes, será possível elaborar um relatório pautado em evidências comportamentais que serão a base da pontuação atribuída aos candidatos. Essa pontuação será organizada tal como apresentado no quadro 8.

Quadro 8
COMPARAÇÃO DE CANDIDATOS

| Função | | Candidato A | Candidato B | Candidato C | Candidato D |
|---|---|---|---|---|---|
| Atendimento | 4,5 | 2,0 (2,5) | 3,5 (1,0) | 3,0 (1,5) | 2,0 (2,5) |
| Administração do tempo | 3,0 | 2,5 (0,5) | 1,0 (2,0) | 3,0 (0,0) | 3,0 (0,0) |
| Flexibilidade | 3,5 | 3,0 (0,5) | 2,0 (1,5) | 3,5 (0,0) | 2,0 (1,5) |
| Relacionamento interpessoal | 2,5 | 2,3 (0,2) | 2,0 (0,5) | 3,0 (0,0) | 1,5 (1,0) |
| Negociação | 4,7 | 2,2 (2,5) | 4,5 (0,2) | 3,5 (1,2) | 4,0 (0,7) |
| Foco no cliente | 4,8 | 3,0 (1,8) | 4,0 (0,8) | 3,5 (1,3) | 2,0 (2,5) |
| Gap comportamental | | 8,0 | 6,0 | 4,0 | 8,2 |

Na primeira coluna, estão listadas todas as competências avaliadas na seleção. Na segunda coluna temos o NCF para cada competência. As demais colunas apresentam a pontuação de quatro candidatos, sendo que entre parênteses temos a diferença entre o NCF e o NCE, que Leme (2007) denomina *gap* comportamental. Na última linha, é possível verificar o valor total desse *gap* para cada candidato avaliado.

Analisando o quadro 8, constatamos que os candidatos A e D são aqueles que apresentam os maiores *gaps* comportamentais, o que sugere que sejam candidatos inadequados à função de gerente geral que tomamos como exemplo. O candidato C parece ser aquele mais adequado para a função em questão. Contudo, a decisão final não deve considerar apenas o número como um resultado isolado. Em termos absolutos, o *gap* comportamental geral do candidato C é menor do que o do candidato B. Contudo, se formos analisar o *gap* de cada competência, vamos constatar que o candidato B foi mais bem-avaliado nas três competências que possuem o maior peso para a função. E isso precisa ser levado em conta na decisão final.

A avaliação dos candidatos com base em uma metodologia quantitativa, como a que apresentamos, torna a avaliação mais objetiva. Contudo, a decisão final é um processo que envolve muitas variáveis e não deve estar baseada em um valor numérico isolado.

Leme (2007) recomenda que, na apresentação dos resultados para a tomada de decisão, sejam incluídos o quadro comparativo dos resultados e gráficos ilustrativos das informações. O quadro é importante porque possibilita a observação de detalhes que podem escapar à representação visual fornecida pelo gráfico. Os gráficos, por sua vez, têm maior poder de síntese e podem facilitar o processo decisório.

O trabalho do selecionador, contudo, não termina com a entrega do relatório. Apesar de a decisão final caber ao requisitante da vaga, é desejável que a avaliação final seja feita em conjunto, pelo requisitante e pelo selecionador. Por mais eficiente que seja um relatório, dúvidas e interpretações distorcidas não estão eliminadas.

Além disso, mesmo que o requisitante tenha participado ativamente do processo seletivo, não é raro, sobretudo com requisitantes com pouca experiência em atividades de seleção, que ele se deixe levar por estereótipos ou características isoladas, desconsiderando aspectos que podem ser mais relevantes para prognosticar o desempenho futuro do candidato. É justamente aí que entra em cena o selecionador, contrapondo a esses estereótipos e impressões superficiais a totalidade e a dinâmica do perfil de competências que estão sendo procuradas pela organização.

A decisão final deve, portanto, ser uma negociação entre a perspectiva do selecionador e a do requisitante da vaga. E, como em toda negociação, depende muito da habilidade de comunicação dos envolvidos. Com relação ao selecionador, este deve trabalhar fornecendo dados concretos, evidências comportamentais do desempenho do candidato. Por exemplo, em vez de dizer que o candidato tem baixa resistência à frustração, é mais eficaz descrever o que o candidato fez, suas ações concretas ao longo do processo seletivo que levaram a essa conclusão, ou seja, usar os indicadores comportamentais que foram definidos no começo do processo em conjunto com o próprio requisitante. A resistência à frustração atribuída ao candidato não é uma evidência, mas uma conclusão à qual se chegou a partir de seus comportamentos.

A argumentação baseada nos comportamentos dos candidatos que geraram conclusões a seu respeito pode facilitar a negociação com o requisitante, que provavelmente não está habituado com a lógica de avaliação do selecionador. Da mesma maneira, quando o requisitante da vaga apresenta suas impressões, as conclusões às quais chegou a respeito dos candidatos, é aconselhável pedir-lhe que tente descrever as ações dos candidatos que o levaram a tais conclusões.

A decisão final como um processo de negociação entre o selecionador e o requisitante da vaga não é uma regra, mas sim uma prática recomendável, e não é a única possibilidade. Há empresas brasileiras que trabalham com comitês de seleção, que envolvem, além do requisitante da vaga, futuros pares e empregados de outras áreas da organização. Com essa estratégia de tomada de decisão pretende-se amenizar efeitos da subjetividade, pois várias percepções sobre o candidato são confrontadas e discutidas. Além disso, busca-se aumentar a probabilidade de escolher um candidato mais alinhado com os valores e as crenças da organização, com "o jeito da organização".

Para facilitar a decisão final, recomendamos ainda que previamente sejam definidos critérios de desempate. Uma possibilidade seria definir, entre as competências avaliadas, aquelas que são mais importantes para o bom desempenho na função.

Uma vez que a decisão tenha sido tomada, o passo seguinte é fornecer *feedback* aos candidatos que não foram aprovados no processo seletivo. O *feedback* será o assunto abordado na próxima seção.

## *Feedback* aos participantes

Não é prática usual nas organizações brasileiras fornecer *feedback* aos participantes de processos seletivos. O máximo que um candidato pode esperar é receber um *e-mail* padronizado agradecendo pela participação no processo e informando que não foi possível aproveitá-lo naquela ocasião.

Sabemos que a rotina de um selecionador é intensa e que é operacionalmente inviável fornecer um *feedback* presencial a todos os candidatos que participam de processos seletivos. Entretanto, acreditamos também que o recente avanço da tecnologia da informação criou condições para o desenvolvimento de procedimentos que possibilitem o *feedback* dos processos seletivos, contribuindo para o aperfeiçoamento dos candidatos não selecionados.

Vamos acompanhar um exemplo de *feedback* fornecido aos candidatos de um processo seletivo para estagiários. Nesse processo, os candidatos foram avaliados por meio de uma dinâmica de grupo e de duas entrevistas, sendo uma com o selecionador e outra com o requisitante da vaga. Em cada uma dessas técnicas, foram avaliadas as seguintes competências: liderança, trabalho em equipe, criatividade, comunicação e iniciativa. Os candidatos receberam notas de 1 a 5.

As notas de cada candidato foram inseridas em uma planilha Excel. Ao final do processo seletivo, foi calculada a média aritmética das notas da dinâmica e das entrevistas de cada candidato, para cada competência. Em seguida, foi calculada a nota média de todos os candidatos que participaram do processo seletivo. Também foi calculada a média do grupo.

Com base na planilha, foi gerado um gráfico, conforme figura 1, no qual o candidato pode comparar seu desempenho como o desempenho do grupo.

Figura 1
**MÉDIAS DO CANDIDATO × MÉDIAS DO GRUPO**

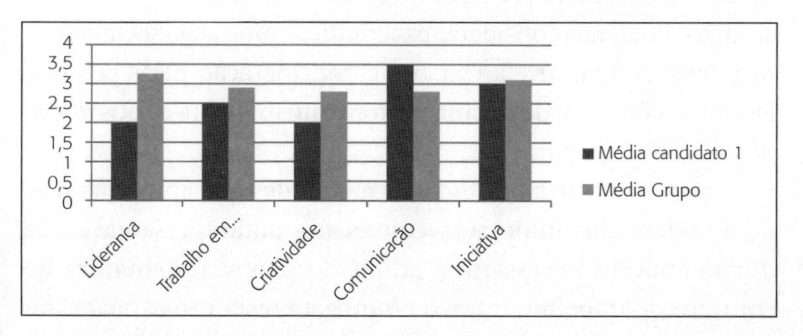

Tomando como base a mesma planilha, foi gerado outro gráfico, conforme figura 2, no qual o candidato pode observar sua média geral e as médias obtidas em cada competência avaliada, o que lhe permite identificar quais estão contribuindo para diminuir sua média geral.

Figura 2
**MÉDIA GERAL DO CANDIDATO × MÉDIA POR COMPETÊNCIA**

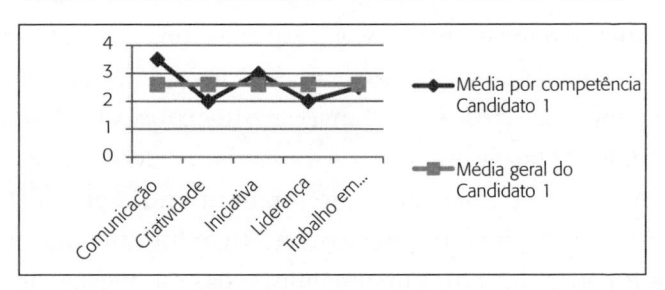

*Média por competência Candidato 1*
*Média geral do Candidato 1*

Analisando os gráficos produzidos apresentados nas figuras 1 e 2, o candidato pode facilmente ver quais competências precisa aprimorar.

Um sistema de *feedback* como o que apresentamos é ágil, pode ser automaticamente gerado à medida que as pontuações dos candidatos vão sendo inseridas e possibilita o monitoramento dos resultados em gráficos de fácil compreensão.

Além dessas facilidades operacionais, um sistema de *feedback* ágil confere transparência e credibilidade ao processo seletivo. Podemos considerar essa prática como ação socialmente responsável, que revela respeito e consideração pelas pessoas, favorece a imagem da organização e contribui para a construção da cidadania corporativa.

Uma vez realizadas todas as atividades que apresentamos, o candidato escolhido será convocado para apresentação da documentação necessária à admissão. Após a assinatura do contrato de trabalho, o novo empregado está pronto para iniciar suas atividades. Contudo, por melhor que seja esse novo empregado, ele vai começar a trabalhar em uma nova organização, que possui cultura, normas e procedimentos específicos e singulares. É preciso, então, que esse novo colaborador seja apresentado ao novo contexto em que atuará. Esse será o tema que discutiremos na próxima seção.

## Ambientação dos novos empregados

Ao assinar um contrato de trabalho o até então candidato passa à condição de empregado. Talvez você esteja se perguntando: a seleção não acaba no momento em que a contratação é formalizada? Seu questionamento faz sentido; contudo, o contrato firmado nesse momento configura um contrato por prazo determinado, denominado de contrato de experiência, que pode ter duração máxima de 90 dias, conforme estabelecido pelo parágrafo único do artigo 445 do Decreto-Lei nº 5.452, que aprovou a Consolidação das Leis do Trabalho (CLT). A finalidade deste tipo de contrato é verificar se o empregado tem aptidão para exercer a função para a qual foi contratado. Se essa aptidão não for comprovada, o contrato de trabalho pode ser rescindido com custo significativamente inferior ao de uma rescisão de um contrato de trabalho por prazo indeterminado.

Quanto mais integrado estiver um novo empregado, maiores são as chances de ele conseguir seu melhor desempenho. Dessa maneira, um bom programa de integração estabelece condições favoráveis para que, ao longo do contrato de experiência, se possa observar o novo empregado em situações reais, o que é fundamental para conhecer melhor suas atitudes, as quais são o elemento mais difícil de ser avaliado no processo seletivo.

Por maiores que sejam as chances de um candidato se adaptar a sua futura função, um novo emprego será sempre um código de significados a ser descoberto. Nesse sentido, um programa de integração de novos empregados é um momento muito importante, pois trata-se de um processo de socialização (Robins, 2005) crucial para a manutenção do universo simbólico que caracteriza a cultura organizacional (Fleury, 1996).

O planejamento dos programas de integração é uma atividade geralmente sob a responsabilidade da área de educação corporativa, mas sua interface com as atividades de atração e seleção é intensa e necessária, uma vez que esses programas devem dar sustentação ao contrato psicológico que começou a ser construído no processo seletivo.

Segundo Kidder e Buchholtz (2002:562), um contrato psicológico pode ser conceituado como:

> Um conjunto de expectativas individuais recíprocas relativas às obrigações (o que o empregado "deve") e aos direitos (o que o empregador "deve"). Esse conceito baseia-se na teoria social, a qual argumenta que pessoas estabelecem relacionamentos para dar e receber coisas valiosas.

Gibney, Scott e Zagenczyk (2011) bem como Lloyd e colaboradores (2010) comentam que o contrato psicológico começa a ser construído no processo seletivo, por meio das promessas não escritas que os empregados percebem que seus empregadores fazem a respeito de treinamento, promoções e outros fatores não explicitamente reconhecidos nos contratos formais. Gibney, Scott e Zagenczyk (2011) ressaltam ainda que o contrato psicológico é um fator crítico para o desenvolvimento de trocas favoráveis no relacionamento profissional.

Um programa de integração é o ritual de entrada do novo empregado. E, como todo ritual, é cheio de simbolismos. Se nesse momento de entrada o novo empregado percebe inconsistências com o que lhe foi prometido no processo seletivo, a relação de segurança implícita no contrato psicológico começa a ser enfraquecida, levando, de acordo com Suazo (2011), a resultados negativos para o ambiente de trabalho, incluindo o baixo comprometimento organizacional, baixa satisfação no trabalho e menor confiança na empresa.

Agora que você já está ciente da importância dos programas de integração de novos empregados, vamos sugerir algumas ações básicas que devem ser consideradas no planejamento desses programas.

Weiss (2006) faz uma distinção entre programas de integração geral e programas de integração para gestores. Os primeiros se destinam a todos os novos empregados; os segundos destinam-se apenas aos ocupantes de cargos de liderança, uma vez que sua função estratégica requer que sejam abordados conteúdos específicos.

Os programas de integração duram, em média, de quatro a oito horas e devem abordar basicamente os seguintes aspectos:

- missão, visão e valores institucionais;
- estratégia organizacional;
- aspectos fundamentais da cultura organizacional;
- estrutura organizacional;
- políticas, normas e procedimentos;
- informações indispensáveis para bom desempenho do novo empregado.

Um programa de integração geral, ainda segundo Weiss (2006), pode utilizar ferramentas tais como manual de integração, *slides* de apoio e palestrantes. O manual de integração é uma ferramenta muito importante, pois é um documento formal que servirá de fonte de consulta sempre que o novo empregado necessitar. Para que você consiga um bom resultado, Weiss (2006:119) faz as seguintes recomendações:

- ao escolher as informações para o manual, coloque-as na ordem em que serão abordadas durante o programa, de forma clara e objetiva;
- separe as informações por títulos que façam referências aos temas das palestras;
- coloque uma nota de boas-vindas do presidente ou responsável pela instituição;

- anexe os principais organogramas da instituição quando necessário. No caso da diretoria, por exemplo, coloque fotos dos líderes das principais áreas, junto com os organogramas;
- no final de cada bloco de informações, coloque os nomes dos responsáveis por elas telefones/ramais para contatos em futuras consultas;
- crie um *layout* e formato para o manual, que seja convidativo e prático para consultar e guardar;
- proponha revisões mensais, ou sempre que necessárias, para assegurar a qualidade das informações transmitidas.

A utilização de *slides* de apoio é uma ferramenta também recomendável. Se a organização possui uma identidade visual bem-definida, você deve incorporá-la aos *slides*, pois isso favorece a construção de uma percepção de unidade por parte do novo empregado.

Outro recurso que pode enriquecer um programa de integração é convidar palestrantes. A preferência na escolha desses palestrantes deve incidir em profissionais seniores, que conheçam em profundidade os assuntos a serem abordados e com habilidade comprovada em apresentações em público.

Lembre-se de que um programa de integração é um ritual de passagem da condição de candidato à de empregado. Se esse empregado vai ficar de quatro a oito horas em um programa dessa natureza, faça desse momento uma experiência agradável. Seja criativo e procure maneiras diversificadas de trabalhar os conteúdos previstos. Por exemplo, em vez de horas de palestra apresentando cada setor, por que não organizar um *tour* pela empresa?

E com o mercado de trabalho cada vez mais internacionalizado, a seguir apresentamos a você, leitor, um tipo especial de ambientação de novos empregados: a integração de expatriados e suas famílias.

*Integração de expatriados e suas famílias*

Concluída a complexa fase legal de expatriação de empregados, é preciso cuidar para que esses possam exercer suas atividades e contribuir com o alcance das metas estabelecidas pelas empresas que os contrataram. Se para empregados locais já é necessária a adoção de políticas de ambientação e integração, imagine para aqueles que, independentemente da nova situação de trabalho, ainda terão de conviver com realidades socioculturais diferentes de suas origens. Um empregado local sempre retorna ao seu "ninho" após o dia de trabalho; um expatriado tem de se ajustar a um novo "ninho".

Diferenças culturais, quando não trabalhadas adequadamente ou simplesmente ignoradas durante a integração, podem contribuir para o insucesso da adaptação, causando desmotivação e consequente baixa produtividade do empregado.

Algumas características pessoais auxiliam o processo de integração, como: flexibilidade para se adaptar às mudanças; dominância relacional, ou seja, o prazer pelo compartilhamento e desenvolvimento de relacionamentos com outras pessoas; e resiliência, aqui percebida também como capacidade de adaptar-se às mudanças, porém, e especificamente, frente a situações desagradáveis ou desfavoráveis, não se deixando abater por elas. Entretanto, como nem todo indivíduo possui as características aqui citadas, cresce a importância do cuidado com a elaboração e execução do programa de integração para o expatriado e demais pessoas de seu convívio direto.

A adaptação dos familiares do empregado expatriado é mais um fator a ser considerado, pois se ocorrer desequilíbrio no relacionamento familiar, é provável que o empregado apresente declínio de rendimento no trabalho. O empregado permanece boa parte de seu tempo na empresa, atuando em relações profissionais geralmente sob seu domínio e sobre as quais tem controle. Seus familiares estão sujeitos a situação semelhante? Geralmente não. Por essa ótica, recomendamos que no programa de integração sejam considerados alguns momentos que podem ser vivenciados pelo empregado e, em especial, por seus familiares:

- encantamento com a nova oportunidade – ocorre quando do início da transferência, quando esta é desejada, causando a sensação de que "tudo são flores";
- negativismo extremo – contrário ao anterior, que pode ocorrer pelo descontentamento com a mudança ou choque quando em contato com a nova realidade;
- distanciamento da situação – surge quando um ou mais envolvidos se ausenta da participação no programa, rebelando-se, ainda que apenas pelo isolamento, contra a adaptação à mudança;
- integração com semelhantes – ocorrência comum quando há mais empregados na mesma situação e que acabam desenvolvendo um grupo social próprio, restrito ou constituído, em sua maioria, apenas por expatriados;
- choque da volta – situação que pode ocorrer quando a mudança é favorável, mas algum dos envolvidos dá atenção especial à sua perda, podendo, com isso, influenciar os demais ou causar-lhes preocupação desnecessária.

A fim de minimizar as possibilidades de insucesso, na elaboração do planejamento da ambientação e integração, recomendamos que seja feito o levantamento das características pessoais do profissional e de cada membro da família. Esse levantamento deve servir como instrumento de base para a elaboração do programa de integração, para posterior confronto entre as diferenças das características de origem e as do destino, incluindo, entre outras: geográficas, climáticas, culturais, sociais, educacionais. A abordagem deve espelhar a realidade "nua e crua", de maneira que cada um dos envolvidos, conhecendo o novo *habitat*, possa ter reduzido o tempo de sua adaptação e, até, contribuir para a adaptação dos demais.

Em face da importância do aspecto sociocultural na adaptação do empregado e de seus familiares, há empresas especializadas na promoção de *workshops* direcionados para essa finalidade. Outra possibilidade é a empresa empregadora gerar estímulos para que empregados locais, voluntariamente, participem do programa de ambientação e atuem como consultores, que fornecem dicas para situações do cotidiano, ou como acompanhantes em atividades diversas, que podem ser passeios pela cidade, idas a supermercados e *shopping centers*, participação em eventos esportivos e sociais, visitas a museus e pontos turísticos, chegando até às viagens de fim de semana para regiões aprazíveis da localidade.

Apresentamos, ao longo deste capítulo, as atividades que constituem a etapa da seleção de pessoas, comentando as peculiaridades de cada uma delas e enfatizando as decisões que lhes são inerentes.

Uma das principais decisões que o selecionador deve tomar é a escolha das técnicas de seleção que irá utilizar e o planejamento de sua aplicação. No próximo capítulo, iremos apresentar as técnicas de seleção mais utilizadas pelas empresas brasileiras e fornecer subsídios para que você possa escolher, entre elas, as mais adequadas às suas necessidades.

# 4

# As técnicas de seleção

No capítulo anterior, apresentamos a você todas as ações envolvidas na etapa de seleção. Entre essas ações está a avaliação dos candidatos, que será realizada por meio das técnicas de seleção, que funcionam como uma lente de aumento para que possamos verificar com mais segurança se um candidato possui ou não as competências necessárias ao bom desempenho em uma função.

Mas, como escolher a técnica mais adequada? Que critérios utilizar para essa escolha? Que técnica é mais adequada para investigar determinadas competências? Para responder a essas perguntas e tomar a decisão mais acertada, você precisará conhecer, com um pouco mais de detalhes, algumas das principais técnicas de seleção: os testes, as dinâmicas de grupo, as entrevistas, a verificação de referências e o exame médico. É a essa tarefa que nos dedicaremos agora.

## Os testes

Um teste consiste na apresentação de estímulos padronizados seguida da solicitação de realização de uma tarefa.

O estímulo é o mesmo para todos os candidatos, bem como as condições de aplicação. Os resultados serão avaliados com base em padrões previamente definidos. Como estão padronizados os estímulos apresentados, as condições de aplicação e as de avaliação, serão as diferenças nas respostas, ou seja, na execução das tarefas que foram solicitadas, que irão refletir as diferenças individuais de cada pessoa que foi testada.

A utilização de testes em processos de seleção se baseia em seu valor de predição, ou seja, na suposição de que há uma estreita correspondência entre o desempenho do candidato nos testes e seu desempenho futuro no trabalho.

Pesquisa da Catho, realizada em 2013, sobre contratação, demissão e carreira de profissionais brasileiros revela que 55% dos 20.359 profissionais pesquisados passaram por algum tipo de teste no processo seletivo de seu emprego atual.

A pesquisa revela ainda que os cargos nos quais os testes são mais utilizados são os operacionais (63,8%), seguidos dos cargos de analista (62,3%) e consultores (56,6%). Os níveis hierárquicos mais altos, sobretudo nos cargos de direção, são aqueles nos quais os testes são menos empregados (32,5%).

Os testes podem ser agrupados em três categorias: os testes de conhecimento, os testes práticos e os testes psicológicos. A seguir abordaremos os testes de conhecimento.

## Testes de conhecimento

Os testes podem ser classificados em objetivos, discursivos e situacionais. Os testes objetivos têm como característica um comando e várias opções de respostas que são apresentadas ao candidato, que optará por aquela que responde ao que é solicitado no comando, exigindo dos candidatos habilidades de leitura, interpretação e crítica. Sua utilização tem algumas vantagens: permite um julgamento mais objetivo das respostas, por meio de sistemas informatizados ou manuais, com base em um gabarito de respostas. No entanto, sua elaboração é difícil e morosa, e requer supervisão de especialistas em construção de testes, pois nem sempre o especialista de conteúdo domina as normas técnicas para a elaboração de questões.

Os testes discursivos utilizam perguntas abertas que exploram os conhecimentos requeridos para determinado cargo. Requerem dos candidatos habilidades de leitura, de interpretação, de crítica e de redação. Sua elaboração é mais rápida, quando comparada ao tempo necessário para elaborar um teste objetivo. Sua aplicação é recomendada para um número reduzido de candidatos. O julgamento das respostas é demorado, difícil e mais subjetivo, estando sujeito a variação de critérios. Para evitar que os avaliadores possam pautar-se por parâmetros muito subjetivos e diferentes, deve-se definir critérios para correção de cada questão do teste.

Os testes situacionais, uma variação dos discursivos, bastante utilizados na atualidade, são atividades estruturadas que colocam o candidato diante de uma situação típica de seu dia a dia de trabalho, com vistas a avaliar sua capacidade de percepção, de análise e de solução de um problema concreto. O candidato pode receber a situação-problema por escrito, devendo analisá-la e propor uma solução, descrevendo a forma como atuaria naquela situação.

Em geral, os testes situacionais são elaborados na própria empresa, exigindo um trabalho cuidadoso de pesquisa com o requisitante, visando à elaboração de situações-problema que sejam realmente representativas das atividades inerentes ao cargo em questão.

Os testes de conhecimento são indicados quando um conjunto específico de informações é essencial para o bom desempenho na função para a qual se está selecionando. Por exemplo, se você estiver selecionando alguém para uma função que envolverá certificação da organização em normas da série ISO, o conhecimento sólido dessas normas e da legislação correlata é fundamental. Da mesma maneira, alguém que irá trabalhar em uma área que envolva muitos aspectos jurídicos, tal como departamento de pessoal, precisará de bons conhecimentos sobre a legislação pertinente.

Em processos seletivos nos quais há grande número de candidatos, os testes de conhecimento são bastante úteis. Como esses testes podem ser aplicados coletivamente e, até mesmo, a distância, por meio de tecnologias *on-line*, é possível avaliar vários candidatos simultaneamente, simplificando a logística da avaliação e diminuindo o tempo de fechamento da vaga. Assim, de uma maneira mais objetiva, estabelecemos uma etapa eliminatória que diminuirá a quantidade de candidatos que seguirão para etapas seguintes do processo.

A seleção de estagiários para grandes empresas, que geralmente atrai muitos interessados, é uma boa indicação para testes de conhecimento. Já houve um ano em que a unidade brasileira de uma empresa multinacional contou com 11 mil inscritos em seu processo seletivo para programa de estágio. Para lidar com tal contingente de candidatos, a empresa lançou mão de provas de conhecimentos gerais e língua estrangeira, que foram realizadas *on-line*.

Os testes de conhecimento não são indicados nas seleções gerencias ou de executivos. Candidatos a esses cargos somente estarão qualificados a disputá-los se já possuírem uma trajetória profissional consistente, com resultados concretos. Sendo assim, o conhecimento poderá ser avaliado por outros meios, tais como uma boa entrevista técnica.

Quando nós estudamos o conceito de competência, no primeiro capítulo do livro, vimos que ser competente, além de conhecimentos, requer habilidades, capacidade de produzir resultados concretos. Os testes práticos são a técnica mais indicada para avaliar o nível de habilidade de um candidato, e será o objeto da próxima apresentação.

*Testes práticos*

Suponha que você esteja conduzindo uma seleção para o cargo de assistente administrativo, cujas funções requeiram o uso do pacote Office. Você considera adequado fazer um teste objetivo ou mesmo um teste situacional para avaliar a habilidade dos candidatos com os programas em questão? E uma entrevista? O que perguntar ao candidato que, por exemplo, possa demonstrar que ele é capaz de utilizar uma função estatística do Excel? Não seria mais adequado pedir ao candidato que realizasse esta tarefa concretamente?

Uma indústria de confecções, localizada no Rio Grande do Sul, nos processos seletivos para o cargo de costureira, paga a condução, a alimentação e uma diária de trabalho para que as candidatas aprovadas em etapas anteriores passem um dia na fábrica costurando, sob a supervisão de um avaliador.

Sejam quais forem a função e as habilidades em questão, um bom teste prático deve contemplar uma lista de procedimentos que o candidato deverá ser capaz de realizar, bem como o padrão de desempenho esperado, que servirá de critério de avaliação. Por exemplo, se a tarefa é digitar um texto, com determinada configuração de página, tipo de fonte, inserção de figuras e *links*, o tempo de conclusão da tarefa e o cumprimento dos parâmetros definidos são critérios concretos de avaliação.

Como todos os testes, um teste prático deve ser elaborado por um profissional com grande conhecimento da função, para que as tarefas solicitadas sejam representativas das atividades da função. Além disso, é importante estar atento para que as tarefas propostas não exponham os candidatos a riscos de acidentes.

Os testes de habilidade possuem baixo custo, mas precisam de uma logística específica. Será preciso disponibilizar espaço físico e equipamento. Em muitas situações, a avaliação precisa ser feita por um profissional da área e não pelo selecionador.

Além do conhecimento e das habilidades técnicas, há outros aspectos que precisam ser avaliados. Se, por exemplo, a função para a qual estamos selecionando requerer alta capacidade de atenção concentrada, como seria possível avaliar essa capacidade? E se precisarmos avaliar o nível de extroversão do candidato? Os testes psicológicos permitem fazer esta avaliação e serão o tema abordado a seguir.

## Testes psicológicos

De acordo com a pesquisa Catho (2013), os testes mais utilizados nos processos seletivos são os testes de personalidade e de aptidão, com um percentual de 73,6%. A pesquisa aponta também um percentual significativo de utilização de testes de inteligência.

Um teste psicológico, de acordo com Erthal (2003:57), pode ser definido como "uma situação estimuladora padronizada (itens de teste e ambientação de aplicação) à qual uma pessoa responde. Os escores assim obtidos refletem a posição do indivíduo em relação a uma ou mais características psicológicas".

Os testes psicológicos, segundo Anastasi (1977), objetivam avaliar o desenvolvimento intelectual geral, aptidões específicas e a personalidade dos candidatos.

Os testes que avaliam o desenvolvimento intelectual geral, conhecidos tradicionalmente como testes de inteligência, consistem na proposição de várias tarefas que contemplam todas as funções intelectuais importantes, visando gerar um resultado único: o quociente intelectual (QI). A experiência indicou, contudo, que esses testes de inteligência geral acabavam privilegiando certas funções e negligenciando outras. A partir dos anos 1930, o estudo diferencial da inteligência ganhou impulso e gerou os testes de aptidões diferencias. Veja alguns exemplos de aptidões diferenciais: o cálculo, a memória, o raciocínio mecânico, o raciocínio espacial, o raciocínio abstrato, a atenção concentrada, a atenção difusa, a capacidade de abstração.

Os testes de personalidade são instrumentos para avaliar características emocionais, de motivação e interpessoais, e possuem uma peculiaridade com relação àqueles sobre o quais falamos até aqui. Quando utilizamos testes de conhecimento, testes de inteligência geral ou testes de aptidões diferenciais, as questões apresentadas aos candidatos pressupõem uma maneira correta de responder. Um teste de personalidade, contudo, se propõe identificar aspectos da dinâmica da personalidade de um candidato, mas as questões apresentadas com esse objetivo não pressupõem que haja uma resposta certa a ser dada pelo candidato.

Por exemplo, se utilizamos um teste para avaliar características de introversão e extroversão, e um candidato apresentar um nível de introversão ou de extroversão alto, o trabalho do selecionador será avaliar se essa característica é compatível com o perfil de competência que se está buscando.

A utilização de testes psicológicos em seleção apresenta vantagens e desvantagens. A principal vantagem é o tratamento objetivo conferido à dimensão psicológica dos candidatos. Como já vimos, um teste psicológico é um instrumento cuja estrutura, aplicação e avaliação são padronizadas. Se a avaliação é padronizada, isso implica que os critérios de avaliação estão previamente determinados e foram estabelecidos com base em dados empíricos e são os mesmos para todo e qualquer avaliador. Dessa maneira, a avaliação está mais protegida do julgamento subjetivo do selecionador.

Além da objetividade, outra vantagem é a possibilidade de aplicação coletiva, o que significa economia de tempo, uma variável crucial, sobretudo em processos seletivos que envolvem muitos candidatos.

Com relação às desvantagens, é preciso citar uma que é específica dos testes psicológicos de personalidade. Alguns desses testes são constituídos por várias asserções com relação às quais o candidato é chamado a declarar seu grau de concordância, de acordo com uma escala predeterminada; outros apresentam situações nas quais o candidato deve escolher a opção que expressa seu comportamento naquelas situações. Seja qual for o tipo do teste de personalidade, a resposta dada pode não corresponder à verdadeira opinião do candidato, mas sim ao que ele julga que o selecionador considera mais adequado. Há, portanto, alguma possibilidade de manipulação das respostas.

Outra desvantagem refere-se ao uso massificado dos testes, tal como aconteceu com o teste no qual o candidato era solicitado a realizar em sequência o desenho de uma casa, de uma árvore e de uma pessoa. Trata-se de um teste de personalidade que, de tão utilizado, bem como pela ação inescrupulosa de alguns profissionais que editaram manuais de orientação para a realização do teste, perderam quase que totalmente seu valor de predição, uma vez que os padrões de avaliação tornaram-se públicos.

A principal desvantagem dos testes psicológicos, particularmente no Brasil, é o reduzido número de estudos e pesquisas adaptados à população local. O resultado da maioria dos testes só tem sentido em relação a um padrão estatisticamente definido, a partir da aplicação do teste em uma amostra de uma população específica. Antes de ser disponibilizado para uso geral, um teste precisa ser aplicado em uma amostra representativa da população à qual se destina.

Os resultados obtidos receberão rigoroso tratamento estatístico e gerarão as normas de referência para avaliar o desempenho de pessoas que não constituíram essa amostra. Assim, o escore bruto em um teste de aptidão, ou a frequência de respostas em um teste de personalidade, só tem sentido quando confrontado com o padrão estatisticamente definido. Dessa maneira, um candidato que tenha 30% de acerto em um teste poderá ser um candidato com bom desempenho, se a média de acertos da amostra de padronização for 15%.

O exemplo que você acabou de apreciar permite constatar a importância das pesquisas na definição dos padrões de avaliação. Na realidade brasileira, essas pesquisas tornam-se ainda mais importantes, porque a maioria dos testes de aptidão e de personalidade são importados, sendo necessário estabelecer padrões para a população brasileira.

O Conselho Federal de Psicologia (CFP) divulgou, em fevereiro de 2004, uma relação de testes psicológicos que tiveram resultado favorável no processo de avaliação que vem sendo efetivado por uma comissão consultiva em avaliação psicológica. O CFP divulgou também que os testes que obtiveram parecer desfavorável não estão em condição de uso porque não possuem estudos e pesquisas adaptados para a população brasileira ou porque o material para avaliação dos testes, solicitado pelo conselho, não foi enviado em tempo hábil (CFP, 2004).

A página na internet do Sistema de Avaliação de Testes Psicológicos (Satepsi) é de livre consulta a qualquer profissional, e nela serão encontrados vários links por meio dos quais será possível consultar várias listas: os testes disponíveis no Brasil, os testes com parecer favorável, os testes com parecer desfavorável, os testes psicológicos sem a avaliação do CFP.

É importante frisar que somente podem ser utilizados em seleção os testes psicológicos avaliados pelo CFP e com parecer favorável. Como você pode verificar nas listas disponíveis no Satepsi, há testes desfavoráveis e testes sem avaliação do conselho. Todos os testes incluídos em uma dessas categorias não podem ser utilizados.

E já que falamos no Conselho Federal de Psicologia, é importante lembrar que a Resolução nº 2/2003, que regulamentou a elaboração, comercialização e uso dos testes, estabelece que um teste psicológico é um "método de avaliação privativo do psicólogo". Dessa maneira, optar pela utilização de testes psicológicos em um processo seletivo implicará a necessidade de um psicólogo para conduzir sua aplicação e avaliação.

Atualmente alguns testes psicológicos de personalidade vêm sendo largamente utilizados pelas mais diversas organizações. A maioria desses testes pode ser aplicada *on-line*. A organização contrata o serviço e define um perfil desejado, com base nos critérios do teste. O candidato é orientado a acessar um *link* e responder ao teste. A partir das respostas do candidato, é traçado seu perfil psicológico e são produzidos relatórios descritivos e gráficos de síntese desse perfil. A organização, com base em tais relatórios, confronta perfil do candidato com o perfil da vaga. Em alguns casos, essa confrontação dos perfis é feita automaticamente pelo próprio sistema gerenciador do teste.

Parece muito prático e eficiente, não é mesmo? Porém, os principais instrumentos que se incluem nessa categoria estão sendo apresentados ao mercado não como testes psicológicos, mas como instrumentos de perfil ou ferramentas gerenciais. Ora, se não são testes psicológicos, então não seria necessário um psicólogo para aplicá-los e interpretá-los. Qualquer profissional interessado, desde que faça o curso de formação oferecido pelos representantes comerciais desses instrumentos, estaria supostamente qualificado a utilizá-los.

O Conselho Federal de Psicologia, contudo, tal como pode ser constatado no *site* da instituição, na página do Satepsi (http://satepsi.cfp.org.br/listaInstrumento.cfm?status=1), já se pronunciou a respeito e definiu explicitamente que esses instrumentos são, sim, testes psicológicos e que, como tal, somente poderiam ser aplicados por psicólogos.

Como os testes a que estamos nos referindo não foram enviados para a análise prevista na Resolução CFP nº 2/2003, mesmo com o aviso aos autores ou responsáveis pelos testes no Brasil, eles não podem ser utilizados nem mesmo pelos psicólogos.

Se outros profissionais estiverem utilizando esses testes, não só estarão utilizando um instrumento não validado pelo órgão competente, que é o CFP, como também estarão incorrendo em exercício ilegal da profissão. Portanto, antes de utilizar qualquer teste psicológico, consulte a página do Satepsi, disponível no endereço eletrônico <www2.pol.org.br/satepsi/sistema/admin. cfm>.

Além da presença dos profissionais especializados, a opção pelo uso dos testes psicológicos não poderá prescindir de uma análise criteriosa da validade: o teste mede, de fato, aquilo que ele se propõe medir?

Gostaríamos também que você estivesse bastante consciente com relação ao fato de que nenhum teste, por maiores que sejam as evidências empíricas sobre sua validade, deve ser utilizado como instrumento único e isolado de avaliação. Os testes devem sempre ser coadjuvantes do processo, atuando como mais uma entre as diversas fontes de dados à disposição do selecionador.

Recentemente, tivemos notícia de um processo seletivo que utilizou uma versão *on-line* de um teste psicológico. O candidato inscreveu-se no processo seletivo no próprio *site* da organização. Ao concluir sua inscrição, foi redirecionado para página da empresa responsável pelo teste. O teste foi respondido e, cerca de uma hora depois, o candidato recebeu um *e-mail* agradecendo a participação no processo e informando que o perfil dele não era compatível com o da função para a qual se candidatou. Simples assim. Você acha mesmo que é possível fazer uma boa avaliação do perfil psicológico de um candidato sem um único contato presencial com ele? Você acha possível, depois de tudo que ponderamos sobre os testes psicológicos, confiar unicamente nesses instrumentos para eliminar um candidato? Se você respondeu não às perguntas que apresentamos – e esperamos que o tenha feito! –, está pronto para conhecer outras técnicas de seleção. A seguir, vamos apresentar mais uma: a dinâmica de grupo.

## As dinâmicas de grupo

A utilização de dinâmicas de grupo em processos seletivos vem crescendo. De acordo com pesquisa realizada pela Catho (2013), o número de participantes que afirmaram ter participado de dinâmicas de grupo no processo seletivo para seu emprego atual subiu de 18,4% em 2005 para 22,65% em 2013. Contudo, devemos olhar esse dado com cautela, já que, se mais pessoas têm participado de dinâmicas de grupo, isso não significa necessariamente que mais empresas estejam utilizando essa técnica. Como a oferta de emprego aumentou, mais pessoas participaram de dinâmicas de grupo talvez porque tenham ocorrido mais processos seletivos.

As seleções para cargos operacionais (30,4%) e profissionais em início de carreira, notadamente estagiários (24,2%), são aquelas em que as dinâmicas foram utilizadas com mais frequência.

As dinâmicas de grupo se caracterizam por propor a um grupo de candidatos um conjunto de atividades, tais como: vivências, jogos, simulações, testes situacionais, estudos de caso ou debates sobre temas específicos. Essas atividades atuam como estímulo para deflagrar a interação entre os participantes e promover uma dinâmica de funcionamento que possibilite a observação direta do comportamento dos candidatos. De maneira geral, as dinâmicas de grupo são indicadas para avaliar habilidades interpessoais e atitudes.

Considerando que em dinâmicas de grupo a observação direta do comportamento dos candidatos é, por excelência, o meio de obtenção dos dados que viabilizarão a avaliação, há dois requisitos essenciais para garantir a validade da técnica: em primeiro lugar, é imprescindível que as tarefas que serão propostas ao grupo sejam efetivamente capazes de expressar a competência que se pretende observar; em segundo lugar, é preciso criar condições que favoreçam a objetividade da observação.

O uso dos indicadores comportamentais, que apresentamos a você no capítulo 1, está sendo proposto como critério de objetividade na atividade de observação de comportamentos porque, durante a aplicação de uma dinâmica de grupo, a observação converte-se em instrumento de coleta de dados que irão fundamentar a tomada de decisão que afetará a vida de pessoas e o desempenho de uma organização. Nesse contexto, portanto, a observação deve ser sistemática e objetiva.

A observação sistemática de comportamento requer do observador a capacidade de descrever e registrar o comportamento observado. Mas será que você sabe, de fato, o que é observar?

Vamos considerar o seguinte relato, que é um fragmento do registro feito por um aluno em uma sessão de observação realizada em um treinamento: "O professor arrumou a mesa. Depois, estava procurando alguma coisa na sua pasta. Aí então saiu da sala para desligar a luz".

O que o aluno observou foi aquilo que pôde ser captado pela sua visão e pela sua audição: imagem do professor tocando os livros e os papéis, separando livros dos papéis, saindo da sala e o escuro que se formou quando a luz se apagou. Agora, a afirmação "o professor arrumou a mesa" é uma interpretação das imagens que o aluno captou, na medida em que atribui uma intenção às ações observadas, procurando conferir-lhes sentido. Da mesma maneira, a afirmação "o professor saiu da sala para apagar a luz" também é uma interpretação, que atribui uma finalidade à ação. O aluno sequer viu o professor apagar a luz, mas, ainda assim, estabelece uma associação entre dois fatos: a saída do professor e o apagar da luz.

Danna e Matos (1999) chamam a atenção para o fato de que um relato objetivo deve evitar a utilização de termos que designem estados subjetivos, bem como evitar interpretar as intenções e as finalidades das pessoas que estão sendo observadas.

Para que você possa ser bem-sucedido no trabalho de observação em dinâmicas de grupo, a chave é concentrar a atenção em descrever as ações do candidato. Se você se der conta de que efetuou uma interpretação, julgando ou valorando um fato, procure fazer o caminho inverso: pergunte-se o que o candidato fez, que ações ele executou que levaram você a tal interpretação. Por exemplo: se você julgar que um candidato foi agressivo, procure identificar o que ele fez, que ações executou que o levaram a essa conclusão. Registre essas ações e, ao lado, escreva sua interpretação para que, no momento adequado, possa confrontá-la com as observações dos outros selecionadores que estiverem participando do processo.

As habilidades de observação e descrição de comportamentos são fundamentais, mas não são suficientes para tornar mais eficiente e eficaz o uso de dinâmicas de grupo em processos seletivos. Existem fenômenos tipicamente grupais, que exigem o domínio do conhecimento sobre a formação e o funcionamento dos grupos e que precisam ser considerados para a adequada utilização da dinâmica de grupo como técnica de seleção de pessoas.

Lewin (apud Mailhiot, 1981) afirma que a capacidade de produção de um grupo está na dependência da concordância de seus membros em participar e da possibilidade de comunicação de modo autêntico. Se confrontarmos esses princípios com o *setting* de uma dinâmica de grupo aplicada à seleção, temos de reconhecer que o quadro não é muito favorável. Um grupo de candidatos não é um grupo natural, espontâneo. A participação em uma dinâmica de grupo não é espontânea, mas sim uma condição imposta para se concorrer a um emprego. Temos, então, uma situação na qual se, por um lado, os candidatos concordam em participar, a competição que caracteriza a situação diminui sensivelmente a autenticidade da comunicação.

Como evitar, então, que uma dinâmica de grupo se transforme numa formalidade, numa encenação na qual os candidatos se comportam segundo um padrão que eles imaginam que seja aquele desejado pela empresa?

Para favorecer a integração, as dinâmicas de grupo devem ser iniciadas com atividades de apresentação e integração que visam ao "aquecimento" do grupo, pois, como afirma Bueno (1995:189): "Um grupo frio produz pouco. Um grupo aquecido produz resultados significativos". Nessa etapa inicial de aquecimento, a atitude do selecionador é crucial para o sucesso do trabalho, "derrubando barreiras iniciais, descontraindo, transmitindo segurança aos participantes (que não podem ser expostos, ridicularizados, humilhados) e conduzindo a trama de forma profissional, imparcial, séria e envolvente" (Bueno, 1995:189).

Outra recomendação, desta vez tendo como base a teoria do psicodrama proposta por Moreno (1972), é que você inclua atividades lúdicas entre aquelas programadas para a dinâmica. Brincadeiras e jogos são, de modo geral, atividades que geram descontração. A estrutura e o conteúdo de uma brincadeira que não guardem uma correspondência direta com situações técnicas de trabalho podem contribuir para minimizar a resistência dos candidatos e favorecer a autenticidade do comportamento.

A avaliação de competências técnicas também pode ser realizada com a utilização da dinâmica de grupo. Contudo, recomendamos que você procure avaliar essas competências por meio de outro tipo de técnica. Você pode avaliar conhecimento e experiência por meio de um teste escrito ou prático ou em uma entrevista. No entanto, a competência interpessoal, as atitudes de um candidato encontram uma possibilidade de expressão muito peculiar em uma dinâmica de grupo. Se, por questões de funcionalidade, de disponibilidade de tempo, você julgar essencial abordar aspectos técnicos, somente o faça mais para o final da sessão da dinâmica. As chances de você conseguir observar comportamentos mais autênticos são maiores.

Na utilização de dinâmicas de grupo em processos seletivos, você precisará também considerar mais alguns aspectos técnicos, referentes à aplicação. Um deles refere-se ao tamanho do grupo. Recomendamos o mínimo de oito e o máximo de 16 candidatos. Um número reduzido de candidatos pode empobrecer a diversidade de interação. Um número elevado de candidatos prejudica a capacidade de observação. Lembre-se de que a observação sistemática e objetiva é o meio de coleta de dados utilizado nas dinâmicas. Assim, quanto maior o número de candidatos, maior será a dificuldade para observá-los adequadamente.

Além da quantidade de candidatos, você também precisará pensar sobre quantos observadores participarão da dinâmica de grupo. Sugerimos que, no mínimo, você utilize dois observadores. A probabilidade de que um único observador observe e registre adequadamente o comportamento de 16 candidatos é pequena. Além disso, um segundo observador significa a possibilidade de confrontar as observações e verificar sua precisão.

Sugerimos, ainda, que o requisitante da vaga seja sempre convidado a participar da dinâmica. Como a decisão final sobre a escolha do candidato cabe ao requisitante, é importante envolvê-lo no processo, a fim de que ela possa ter o maior número possível de informações para fundamentar sua decisão. Contudo, se você vai incluir o requisitante ou qualquer outro observador que não seja um especialista em seleção, lembre-se de que ele deverá ser orientado sobre como participar do processo.

Um aspecto muito importante nas dinâmicas de grupo é a duração das sessões. Recomendamos que você planeje sessões com duração entre três e quatro horas. Com essa carga horária, é possível realizar várias atividades diferentes ao longo da sessão, e isso é fundamental. Sabemos que o candidato quer causar uma boa impressão, que ele monta um personagem para desempenhar na dinâmica. No entanto, é possível sustentar esse personagem por algum tempo, mas não muito tempo. Assim, quanto mais longa for a dinâmica, quanto mais atividades forem desenvolvidas, maiores as chances de conseguirmos observar comportamentos mais autênticos.

Outro recurso que pode ser utilizado para favorecer a autenticidade dos comportamentos é trabalhar com prazos curtos para realização de atividades complexas. A tensão emocional que é criada pela pressão dos prazos aumenta significativamente a expressão do estilo comportamental mais genuíno dos candidatos.

O uso das dinâmicas de grupo em processos seletivos deve ser decidido com muita cautela. Trata-se de uma técnica de baixo custo, que permite a avaliação simultânea de vários candidatos. Contudo, não deve ser utilizada em qualquer seleção. Recomendamos que você pondere o tempo disponível para fechamento da vaga. Se você tiver muitos candidatos, será preciso fazer mais de uma turma, e isso pode aumentar o tempo de fechamento da vaga.

Outro ponto a ser considerado é o tipo de candidato que você está buscando. Um bom exemplo é a seleção de executivos. Em primeiro lugar, é preciso reconhecer que esse tipo de candidato se sente constrangido em participar de dinâmicas de grupo. Para eles, as dinâmicas estão associadas com brincadeiras e não seriam condizentes com sua condição profissional. Trata-se de um preconceito. Mas ele existe e precisamos levá-lo em consideração; caso contrário a imagem da organização pode vir a ser prejudicada. Em segundo lugar, executivos, de modo geral, são candidatos que estão empregados ou, na melhor das hipóteses, em busca de recolocação. Como a dinâmica é uma técnica grupal, ela implicaria exposição dos candidatos, aumentando a probabilidade de o atual empregador vir a tomar conhecimento de que um de seus executivos está buscando novas oportunidades.

As dinâmicas de grupo, bem como os testes, fornecem muitas informações sobre o candidato. Essas informações possibilitam levantar hipóteses sobre a compatibilidade do perfil dos candidatos e o perfil da função para a qual estão concorrendo. Contudo, é possível que ainda persistam dúvidas e que alguns aspectos do perfil de competências do candidato necessitem ser esclarecidos. A entrevista de seleção, tema apresentado a seguir, é a técnica adequada para esclarecer esses aspectos.

## A entrevista

A entrevista é um dos instrumentos de seleção mais utilizados para fundamentar as decisões relativas à contratação de um novo empregado. Consiste na proposição de perguntas aos candidatos, tendo como objetivo avaliar o domínio de determinadas competências relacionadas ao perfil profissional, levantar informações complementares sobre competências que não foram investigadas por meio de outras técnicas, investigar mais profundamente aspectos de uma competência que não tenham sido suficientemente explorados e esclarecer fatos, impressões, confirmar ou rejeitar hipóteses que surgiram ao longo do processo seletivo.

As entrevistas de seleção podem ser estruturadas ou não estruturadas. Nas estruturadas, o candidato é solicitado a responder a questões padronizadas, previamente formuladas, configurando um roteiro. A principal vantagem desse tipo de entrevista é a uniformização das informações coletadas e a maior probabilidade de obter todas as informações necessárias para predizer a adequação do candidato ao cargo pretendido. Já nas entrevistas não estruturadas, o entrevistador tem poucas perguntas planejadas. As questões são formuladas à medida que a entrevista prossegue, configurando um cenário em que a avaliação torna-se menos objetiva. Segundo Almeida (2004), estudos empíricos conduzidos por vários pesquisadores são unânimes em apontar a superioridade das entrevistas estruturadas sobre as entrevistas não estruturadas.

Seja em uma entrevista estruturada ou em uma entrevista não estruturada, há vários tipos de perguntas que podem ser formuladas. A seguir, veremos cada um deles.

## Perguntas técnicas

As perguntas técnicas visam obter ou aprofundar informações sobre o conhecimento técnico, a experiência profissional e as habilidades técnicas do candidato. Entrevistas desse tipo geralmente são realizadas pelo profissional a quem o futuro empregado se reportará, mas também podem ser conduzidas pelo selecionador, desde que este conheça em profundidade as peculiaridades técnicas do contexto de trabalho em questão.

## Perguntas psicológicas

As perguntas psicológicas são aquelas cujo foco está dirigido para aspectos da personalidade e da vida pessoal do candidato, abordando temas como família, relacionamentos interpessoais, lazer, história de vida. Trata-se de uma categoria de pergunta bastante influenciada pelo modelo clínico da psicologia, com o objetivo de, a partir da investigação de vários aspectos da vida do candidato, compor um perfil psicológico e analisar se tal perfil está adequado ao perfil de competências que se está procurando.

É preciso ser prudente na utilização de perguntas psicológicas em entrevistas de seleção. Tão importante quanto formular adequadamente a pergunta é ser capaz de analisar a resposta. E essa análise requer um conhecimento sólido sobre dinâmica de personalidade que permita interpretar adequadamente as informações fornecidas pelos candidatos. E tal conhecimento depende de uma formação específica, no caso, a psicologia.

É importante lembrarmos que, se entre as técnicas adotadas para determinado processo seletivo, estiver incluída a utilização de testes psicológicos, principalmente testes de personalidade, a análise adequada das informações que forem coletadas por esses testes vai requerer, necessariamente, uma entrevista que aprofunde a dimensão psicológica, que deverá ser conduzida por um psicólogo, profissional indicado para estabelecer as conexões necessárias entre os dados e emitir um parecer.

## Perguntas situacionais

As perguntas situacionais são formuladas enfocando situações características do trabalho que poderá vir a ser executado pelo candidato. Um exemplo típico desse tipo de pergunta é: "Você está trabalhando na campanha publicitária de um importante e tradicional cliente da empresa e seus prazos já estão bastante apertados. Seu diretor acabou de informar que incluiu você na equipe de um novo projeto, que poderá significar conseguir para a agência uma das maiores contas do país. Como você conduziria essa situação?"

A entrevista situacional tem a vantagem de direcionar as perguntas para situações de trabalho específicas, conforme as peculiaridades de cada organização. Contudo, as perguntas remetem o candidato para uma situação hipotética. Entre saber o que pode ser feito em uma situação e efetivamente agir de acordo com o que a situação requer há uma grande diferença.

## Perguntas comportamentais

O conceito fundamental das perguntas comportamentais, segundo Reis (2003), é de que exemplos comportamentais (fatos específicos da experiência passada) são a melhor maneira de prever o comportamento futuro de um candidato. Em vez de fazer perguntas ao candidato que o remetam a situações hipotéticas, o entrevistador formula a pergunta solicitando ao candidato que descreva uma situação concreta, que ilustre a competência que se pretende analisar.

Vamos tomar como referência a pergunta situacional que usamos anteriormente. Uma pergunta com aquele conteúdo estaria, provavelmente, desejando avaliar competências como capacidade de administração do tempo, planejamento, organização e negociação. Tomando como base essas competências, podemos fazer a seguinte pergunta comportamental: "Você poderia me descrever uma experiência profissional na qual esteve envolvido em várias atividades, com prazos apertados e novas atividades sendo delegadas a você? O que você fez para lidar com a situação? Qual foi o resultado alcançado?"

Essa pergunta faz você lembrar-se de alguma coisa? Se você pensou nos indicadores comportamentais das competências, acertou em cheio. Os indicadores comportamentais, discutidos no primeiro capítulo, são a matéria-prima para a formulação das perguntas comportamentais. Como os indicadores são a tradução comportamental das competências, as perguntas comportamentais configuraram a base do que hoje conhecemos como entrevista por competências.

A formulação de perguntas que enfatizam a experiência passada do candidato aumenta a probabilidade de obter uma resposta mais realista, que oferece dados mais precisos sobre as suas competências. Pela análise desses dados, temos um indicador mais seguro de como ele lidará com situações semelhantes no futuro.

Embora o pressuposto de que o comportamento passado seja um indicador da probabilidade de comportamentos futuros, não podemos deixar de considerar que, se é o melhor indicador, não é, todavia, um indicador absoluto e infalível, pois as pessoas mudam e se distanciam de seus padrões comportamentais anteriores. Nossas próprias experiências passadas e as consequências que elas trouxeram para nós podem nos ensinar a nos comportarmos de modo diferente.

Para avaliar a resposta de um candidato a uma pergunta comportamental, devemos analisar o contexto em que a experiência relatada ocorreu: momento pelo qual a organização estava passando, números ou indicadores que permitam entender a situação anterior à ação do candidato. Mas o contexto é uma referência auxiliar para analisar o que importa de fato: a ação do candidato. O foco da pergunta comportamental é a ação realizada, mas é o contexto que vai nos permitir analisar se aquela ação foi adequada ou não. Para complementar a análise, é muito importante que saibamos também qual foi o resultado da ação do candidato; afinal, uma ação pode ter sido adequada, mas não ter gerado o resultado esperado, talvez porque não tenha sido bem-realizada.

Se tomarmos as letras iniciais de cada um dos elementos da pergunta comportamental – contexto, ação e resultado –, formaremos a sigla CAR, que pode ajudar você a memorizar o que deve ser abordado na pergunta. Então, se você quiser formar o CAR, deverá pedir ao candidato que conte algo que ele fez, como fez e qual foi o resultado.

Exemplos comportamentais são obtidos na entrevista, à medida que concedemos tempo suficiente ao candidato para lembrar algum fato relacionado às perguntas que estão sendo feitas. Tipicamente, quando um candidato começa a dar um exemplo comportamental, ele interrompe o contato visual com o entrevistador; para por alguns segundos, enquanto pensa ou visualiza um exemplo, e então retoma o contato visual e descreve um acontecimento específico de sua vida. Estas descrições são acompanhadas de referências de tempo, datas, números, locais e quaisquer outras particularidades que evidenciam que o fato realmente ocorreu.

Na entrevista comportamental, sempre que o entrevistador estiver formando um quadro muito favorável ou desfavorável sobre as competências do candidato, deverá formular perguntas que forneçam evidências contrárias à tendência dominante. Se estiver sendo avaliada a capacidade de obedecer a normas e procedimentos, e o candidato apresentar vários exemplos de situações nas quais não agiu de acordo com as normas, o entrevistador deve fazer perguntas buscando respostas que evidenciem situações em que o candidato obedeceu às regras e achou justificado fazê-lo. Da mesma maneira, se a impressão formada for muito positiva, se as respostas do candidato evidenciam que ele sempre obedece às normas e aos procedimentos, então o entrevistador deverá fazer perguntas buscando exemplos que evidenciem o padrão oposto de comportamento.

## Preparação e condução da entrevista

Seja qual for o tipo de entrevista utilizado, o entrevistador deve estar cuidadosamente preparado. Isso significa preparar o ambiente da entrevista, garantir que não haverá interrupções, fazer a leitura prévia do currículo de cada candidato, sintetizar as informações levantadas até então e criar uma lista de perguntas específicas relacionadas às competências que serão avaliadas. Recomendamos que sejam feitas anotações breves sobre as respostas do candidato. Confiar na memória pode ser um risco, principalmente quando realizamos várias entrevistas seguidas, o que aumenta a probabilidade de confusão nos dados. Em alguns casos, quando o candidato diz alguma coisa muito significativa, é importante transcrever exatamente o que foi dito.

O selecionador deverá informar ao candidato que irá fazer anotações, enfatizando que quer ter certeza de não se esquecer de fatos importantes sobre sua experiência ou sua história de vida. Anotações também podem ser utilizadas como forma de comunicar ao candidato que você está muito empenhado em obter o máximo de informações sobre suas competências.

Recomendamos ainda que você tome cuidado com o seguinte: muitos entrevistadores acabam deixando avaliação do candidato ser conduzida por preconceitos e estereótipos. Impressões e sentimentos imprecisos sobre um candidato são parte da informação total que surge na entrevista. É preciso não se deixar levar por eles. Você deve utilizar essas percepções como hipóteses a serem verificadas, como uma fonte de inspiração para a formulação de perguntas que ajudem o candidato a fornecer evidências concretas que confirmem ou rejeitem suas hipóteses.

Há organizações que consideram a entrevista como o melhor procedimento de seleção, podendo inclusive ser o único adotado. Entretanto, repetimos o alerta de que nenhum procedimento deve ser utilizado isoladamente.

A pesquisa da Catho (2013), na categoria processo seletivo, investigou quantas vezes os participantes haviam sido entrevistados antes de serem contratados em seus empregos atuais. O resultado revela que, em média, os candidatos têm passado por duas entrevistas, apesar de a maioria, 36,2%, ter passado por apenas uma. Mas também é interessante notar que há profissionais que passaram por sete ou mais entrevistas.

O valor da interação social propiciado pela entrevista é inegável, mas sua utilidade só atingirá níveis de excelência à medida que sua utilização se constituir como uma ferramenta de síntese de todos os resultados.

A avaliação no processo seletivo, mesmo que tenha sido conduzida com rigor e cautela, trabalha com hipóteses formuladas com base nas informações fornecidas pelos próprios candidatos. Não podemos descartar a possibilidade de que o candidato manipule algumas informações a seu respeito. Por isso, uma etapa importante, mas frequentemente negligenciada pelos selecionadores, é o levantamento de referências sobre o candidato. Esse será o tema abordado na próxima seção.

## Verificação de referências

Uma fonte tradicional de referências é fazer pesquisa nas organizações em que o candidato tenha trabalhado. O próprio candidato fornece essa informação, que geralmente consta do seu currículo, ou na ocasião do preenchimento de formulários de solicitação de emprego, ou ainda no momento da entrevista com o selecionador. Algumas empresas, tal como High Quality Consultores, localizada em São Paulo, utilizam formulários específicos em que o candidato deve registrar, entre outros dados, seus três últimos vínculos de trabalho, informando o nome, o endereço e o telefone da organização, datas de admissão e demissão, motivo da demissão, cargo ocupado e nome da chefia imediata. Devemos buscar como fonte de consulta preferencial os chefes anteriores, mas também podemos consultar colegas de trabalho e clientes.

De maneira geral, a coleta de informações é feita por telefone. Atualmente, a internet é uma ferramenta poderosa de auxílio nesse trabalho de busca de referências. Formulários eletrônicos podem ser enviados por *e-mail* para os contatos indicados pelo candidato. Contudo, à praticidade do envio podemos contrapor o baixo índice de retorno desses formulários. Por isso, acreditamos que os contatos por telefone ou visita pessoal, esta realizada por pessoa da própria organização ou de empresas especializadas nesse tipo de atividade, sejam as formas mais eficazes de as informações desejadas serem obtidas.

Uma forma bem recente de verificação de referências é a consulta às redes sociais, profissionais e pessoais, sendo as mais populares LinkedIn e Facebook. É sabido que alguns selecionadores utilizam essa prática, mesmo sem o conhecimento do candidato, o que abre uma polêmica de natureza ética sobre a verificação de referências.

A verificação de referências pode ajudar a evitar problemas futuros. Contudo, é muito comum encontrarmos resistências das organizações em fornecer informações sobre ex-empregados. Tal resistência é justificável. Em 2013, uma rede de supermercados do Nordeste do Brasil foi condenada a pagar indenização a um ex empregado porque o mesmo alegou ter sido reprovado em um processo seletivo em função de referências fornecidas. Ainda cabe recurso da decisão judicial, contudo fatos como este têm levado os departamentos jurídicos das organizações a orientarem que nenhum tipo de informação sobre ex-empregados seja fornecido.

Se, apesar das dificuldades, você julgar importante verificar referências, elabore um roteiro de perguntas sobre fatos concretos: faltas, atrasos, apresentação de atestados, resultados de avaliação de desempenho, delitos. Sugerimos esses itens porque podem ser fatos comprováveis pela organização que estiver fornecendo as informações, o que pode vir a resguardá-la de eventuais questionamentos jurídicos.

Perguntas cujas respostas expressem julgamento e opiniões do antigo empregador sobre o empregado que estiver sendo investigado devem ser evitadas sempre, já que possuem uma carga de subjetividade e as informações obtidas podem ser mais difíceis de serem comprovadas.

Há muita polêmica em torno da verificação de referências, sobretudo daquelas que extrapolam as experiências de trabalhos anteriores e enfocam aspectos da vida privada do candidato. Por exemplo, é licito exigir atestado de antecedentes criminais?

A Quinta Turma, que é um dos órgãos colegiados do Tribunal Superior do Trabalho (TST), autorizou uma empresa de telefonia a exigir certidões ou atestados de antecedentes criminais dos candidatos em seus processos seletivos. A decisão foi baseada em critérios de segurança, uma vez que os funcionários da empresa têm acesso a residências de clientes para instalação de linhas telefônicas, e as informações criminais podem evitar, por exemplo, a contratação de alguém com antecedentes de condenação por furto.

Em outra situação, envolvendo uma empresa de marketing, uma atendente de *call center* obteve, na Justiça do Trabalho, uma indenização por danos morais de R$ 5 mil, com juros e correção monetária, porque lhe foi exigida a apresentação de certidão de antecedentes criminais para ser efetivada sua contratação. Ao examinar o caso, a Terceira Turma do TST baseou sua decisão no argumento segundo o qual a relação de emprego destinada ao teleatendimento de clientes escapa de possíveis casos em que a exigência de certidão de antecedentes criminais se justifique.

As Lojas Renner estão proibidas de exigir certidão de antecedentes criminais dos candidatos a seus empregos e ainda foi condenada a pagar multa no valor de R$ 200 mil. A sentença foi proferida na 20ª Vara do Trabalho de Brasília na ação civil pública movida pelo Ministério Público do Trabalho (MPT), tendo se baseado no argumento segundo o qual a determinação da empresa fere garantias constitucionais, já que exigência de certidão de bons antecedentes é providência excepcionalíssima, razoável apenas quando o cargo ou profissão exigir, por força de suas responsabilidades, a contratação de pessoa de extrema lisura e confiança.

Preterir um candidato com base em referências desfavoráveis é, sem dúvida, uma proteção para a organização que está contratando. Contudo, como garantir que há uma correlação positiva entre referências desfavoráveis e desempenho no trabalho? Como garantir, por exemplo, que um candidato cujo nome conste no cadastro de inadimplentes do Serviço de Proteção ao Crédito (SPC) apresentará problemas de desempenho no trabalho?

A Comissão de Constituição e Justiça (CCJ) da Câmara aprovou, em maio de 2013, projeto de lei que proíbe a consulta a banco de dados e cadastro de proteção ao crédito durante a seleção e admissão de empregados. O projeto de lei prevê ainda a alteração da Lei nº 9.029/1995, conhecida como Lei da Discriminação no Emprego, incluindo entre o rol das proibições previstas na lei a discriminação por restrições de crédito. A pena prevista é detenção de um a dois anos e pagamento de multa.

O projeto de lei ainda precisa passar por votação no plenário do Senado antes de seguir para sanção presidencial. Apesar de a lei ainda não ter sido aprovada e sancionada, o simples fato de ela estar sendo proposta aponta as tendências do Legislativo sobre o tema. Essas tendências precisam ser levadas em conta na hora de decidir pela realização desse tipo de consulta.

Para se proteger de ações judiciais, algumas organizações solicitam aos candidatos a assinatura de um documento formal, autorizando a verificação de referências. Esse documento, contudo, não configura uma proteção integral contra futuros questionamentos jurídicos. Considerando que todo processo seletivo é uma situação em que as partes envolvidas não se encontram em igualdade de condições, condições essas que são amplamente favoráveis às organizações contratantes, podemos ter configurada uma situação de coerção sobre o candidato, que pode concordar em assinar com medo de ser automaticamente eliminado do processo seletivo.

Uma vez coletadas as referências do candidato escolhido, o passo seguinte é avaliar se ele possui condições físicas para desempenhar as atividades que lhe caberão. O exame médico será, portanto, o assunto abordado na próxima seção.

## O exame médico

A avaliação médica é uma etapa da seleção indispensável ao sucesso da contratação. É uma prática de proteção, não só das organizações, como do próprio trabalhador, visto que objetiva avaliar se as condições físicas dos candidatos são compatíveis com os requisitos físicos das atividades que serão exercidas.

Nessa etapa da seleção, as atividades do selecionador devem estar absolutamente sincronizadas com as atividades do médico do trabalho. Cabe ao selecionador informar ao médico os pormenores das atividades do futuro empregado, para que possam ser identificados todos os requisitos de saúde para um adequado desempenho profissional.

Precisamos estar seguros das condições de saúde de nossos empregados quando eles ingressam na organização. Essa informação é fundamental no momento de avaliar se uma doença foi causada pelo trabalho ou se era preexistente à contratação, fato que pode ser decisivo na determinação de pagamento de indenizações trabalhistas.

Gostaríamos que ficasse bem claro para você que o exame médico pré-admissional deve se ater àqueles aspectos diretamente relacionados aos requisitos das atividades que serão desempenhadas. A desclassificação de candidatos somente será justificada caso eles apresentem condições de saúde que efetivamente impossibilitem o exercício de suas futuras atividades, ou, então, quando o exercício dessas atividades significar o agravamento de uma condição de saúde preexistente, que possa pôr a vida em risco.

Quando o exame médico conclui que as condições físicas dos candidatos são compatíveis com os requisitos físicos das atividades que serão exercidas, podemos dizer que o processo seletivo está concluído e inicia-se o processo de contratação dos candidatos que foram selecionados.

Você já sabe, então, após a leitura deste capítulo, que as técnicas de seleção são o meio mais seguro de avaliar se um candidato possui as competências necessárias para ocupar uma posição dentro de uma organização.

Em conjunto com o capítulo 3, este capítulo proporcionou a você uma visão geral da etapa de seleção de um processo seletivo. Contudo, o ambiente organizacional contemporâneo vem colocando alguns desafios que direcionam a atenção para algumas situações específicas de seleção: a seleção interna, a seleção de aprendizes, de estagiários, de *trainees*, de executivos e de portadores de necessidades especiais. É dessas modalidades específicas de seleção que iremos tratar no próximo capítulo.

# 5

# A seleção e o ambiente organizacional contemporâneo

Nos dois capítulos anteriores tivemos uma visão geral da etapa de seleção dos processos seletivos. Contudo, há aspectos do ambiente organizacional contemporâneo que estão exigindo uma atenção especial para determinados processos seletivos:

- o desafio de reter bons empregados coloca em destaque a seleção interna;
- o papel das lideranças na efetividade das organizações enfatiza a importância da seleção de executivos;
- a falta de profissionais qualificados no mercado reforça a importância dos programas de aprendizes, estagiários e *trainees*;
- a legislação sobre a política nacional para integração da pessoa portadora de deficiências coloca as organizações diante da obrigatoriedade de contratar portadores de necessidades especiais.

É de cada um desses temas que iremos nos ocupar neste capítulo.

## Seleção interna

A Catho, conhecida empresa de consultoria, divulgou os resultados da edição de 2013 da pesquisa sobre contratação, demissão e carreira dos profissionais brasileiros, com estatísticas precisas sobre hábitos e rotinas de carreira. Uma das categorias que constituiu a pesquisa foi "motivação e satisfação pessoal". Nessa categoria, foi pesquisada a variável "fatores que mais motivam na carreira". Os participantes da pesquisa, considerando sua vida profissional como um todo, foram solicitados a indicar, numa escala de 0 a 10, o quanto cada fator, de uma lista de 12 apresentados, os motivava. Entre os fatores apresentados, "crescimento na carreira" obteve média 7, em um total de 15.933 respondentes. Considerando que o fator mais bem-avaliado obteve média 8,3, é razoável supor que o crescimento profissional tem um peso significativo na motivação dos empregados.

A mesma pesquisa aponta, ainda, que 60% dos pesquisados destacam, entre os motivos que os levariam a pedir demissão, os seguintes fatores: receber uma proposta melhor de trabalho, insatisfação salarial, insatisfação com as atividades desenvolvidas e vontade de mudar de carreira/área de atuação.

Os dados que acabamos de apresentar permitem a você dimensionar a importância da seleção interna para a gestão contemporânea de pessoas: oferecer aos empregados a possibilidade de novas experiências profissionais pode ser o caminho para aumentar a satisfação com o trabalho, diminuindo a probabilidade de eles virem a trocar de emprego. Ou seja, a seleção interna é uma importante ferramenta motivacional e, por conseguinte, de retenção de talentos.

Uma seleção interna, assim como a externa, pode atrair candidatos que não correspondam ao perfil da vaga disponível. Por esse motivo, é fundamental que os pré-requisitos estejam muito bem-definidos e que sejam divulgados com a maior transparência possível. Ainda assim, é imprescindível mantermos a triagem e todas as etapas da seleção que forem necessárias.

Há outra situação que devemos destacar: imagine que você estivesse participando de uma seleção interna. Como você se sentiria se, após ser o escolhido, seu chefe atual não o dispensasse, alegando que você é indispensável ao andamento do seu atual setor? Seria frustrante, não é mesmo? Mas essa é uma situação que acontece com muita frequência.

É compreensível que um gestor não queira perder bons empregados. Mas frustrar as expectativas de crescimento do empregado não seria uma quebra do contrato psicológico entre empregador e empregado? Não seria uma maneira de predispor o empregado a uma proposta melhor de trabalho em outra empresa? Não seria também gerar uma insatisfação salarial, com a perda de uma possível promoção ou aumento de salário vinculado à mudança de posição? E se o empregado estiver insatisfeito com as atividades que está desenvolvendo? Como você pode perceber, a decisão de um gestor em não liberar um subordinado para uma nova oportunidade pode ser o gatilho que dispara todos os fatores que a pesquisa Catho apontou como motivos que levam um empregado a pedir demissão.

O ideal seria que cada organização tivesse, internamente, uma norma clara determinando que todos os gestores estimulassem o crescimento e a ascensão de seus subordinados. Uma norma dessa natureza acarreta algumas consequências importantes: a liberação de um empregado para uma nova posição na organização estaria vinculada ao fechamento da vaga gerada com a movimentação interna. Essa nova vaga gerada, por sua vez, pode ser provida por meio de outra seleção interna, que vai gerar uma nova vaga. Ou seja, uma única movimentação interna pode gerar uma série de processos seletivos concomitantes. Tal seleção em cadeia vai requerer um esforço de negociação com os diversos gestores envolvidos. Cada movimentação somente será efetivada quando já houver um substituto disponível para a vaga que ela gerou.

Na impossibilidade da criação de uma norma como a que aqui sugerimos, é fundamental que se defina, como pré-requisito, que o superior imediato do candidato seja informado do interesse de seu subordinado e manifeste formalmente seu acordo. Mas você pode estar se perguntando: "Se o superior imediato não concordar com a inscrição do seu subordinado, isso também não seria fator de desmotivação?" Se você respondeu que sim, nós estamos de acordo. Contudo, você não acha que seria menos prejudicial frustrar-se agora, antes de o processo iniciar, do que sentir o gosto de ser aprovado e não poder ser promovido?

Uma vez resolvidos os impasses iniciais, definidos os candidatos, a tarefa agora é avaliá-los. No que se refere à avaliação dos candidatos, você acha que a seleção interna seria mais segura que a seleção externa? Se você respondeu sim, então sua resposta está certa.

De fato, a seleção interna é mais segura porque, de modo geral, as políticas de promoção na maior parte das organizações prevê que, para se habilitar a uma promoção, o empregado precisa estar há pelo menos seis meses no cargo atual. Na prática, isso significa que tivemos a oportunidade de observar o comportamento concreto dos candidatos, em situações reais de trabalho, por pelo menos seis meses. Nesse tempo, será muito mais fácil avaliar a capacidade produtiva dos candidatos, sobretudo suas atitudes.

A seleção interna tem uma importante aliada na avaliação dos candidatos: a avaliação de desempenho. Um sistema de avaliação de desempenho consistente é uma ferramenta concreta para sinalizar os empregados que podem ocupar futuras posições na organização. Vamos tomar como exemplo a ferramenta de avaliação de desempenho que integra o Programa de Avaliação de Desempenho (PAD) do Serviço Nacional de

Aprendizagem Comercial (Senac) – Departamento Nacional, implantado em 2013.

Os cargos da organização estão classificados em níveis de complexidade, e cada empregado será avaliado em um grupo de competências. A avaliação será realizada pelo gestor imediato e por meio de autoavaliação. A avaliação é realizada por meio de formulários *on-line*, disponíveis na intranet da organização. Gestor e empregado acessam os formulários *on-line*, nos quais estão listadas as competências do cargo em que o empregado a ser avaliado está enquadrado.

Concluída a avaliação, se o empregado obtiver uma pontuação geral que o classifique como alguém que "atende parcialmente ao nível seguinte", ele é alguém que, se adequadamente desenvolvido por meio de ações de treinamento e desenvolvimento, pode vir a ocupar funções em um nível de complexidade maior, ou seja, é alguém que pode vir a ser elegível para uma promoção. Se um empregado for avaliado como alguém que atende totalmente ao nível seguinte de complexidade, é alguém que já está pronto para participar de um processo seletivo interno.

O uso de ferramentas de avaliação de desempenho como essas que acabamos de apresentar permite que a seleção interna trabalhe com informações concretas, com maior assertividade, em vez de contar apenas com a observação dos gestores, que pode estar sujeita aos mais diferentes vieses.

Caso a organização possua um sistema de avaliação de desempenho sistematizado, pode-se avaliar, ao surgir uma vaga, se será possível provê-la por meio de seleção interna ou se será necessário recorrer a uma seleção externa. Além disso, fica mais fácil estabelecer uma política de seleção interna definindo critérios como: somente empregados cujo escore total na avaliação de desempenho os inclua na categoria "atende parcialmente ao nível seguinte" ou na categoria "atende totalmente ao nível seguinte" são elegíveis.

Se a empresa não dispõe de um sistema de avaliação de desempenho sistematizado, será necessário avaliar os candidatos que se inscreveram na seleção interna por meio das técnicas que já apresentamos no capítulo anterior.

Seja por meio de avaliação de desempenho, seja por meio das técnicas usuais, o importante é que o candidato seja avaliado. O bom desempenho no cargo atual não garante um bom desempenho no cargo pretendido. É preciso investigar com muito critério a motivação do candidato em trocar de posição e sua compatibilidade com o futuro gestor.

Sugerimos cautela na seleção interna porque uma avaliação mal conduzida pode ser o começo de um futuro desligamento. Como é frequente que a movimentação gerada por uma seleção interna esteja associada a um aumento salarial, caso o desempenho do empregado em sua nova colocação não corresponda ao esperado, não será possível fazê-lo retornar à sua antiga posição, haja vista que a legislação brasileira proíbe a redução de salário na vigência de um contrato de trabalho específico.

Uma vez que a movimentação interna de um empregado tenha sido decidida, devemos dar uma especial atenção aos demais empregados que participaram do processo. Muito mais do que em um processo seletivo externo, o *feedback* aos não selecionados é fundamental. Você saberia dizer por quê? Se sua resposta considerou que é preciso deixar claro para os demais candidatos em quais pontos eles precisam melhorar para serem bem-sucedidos em processos seletivos futuros, você está no caminho certo. Mas, além disso, é preciso considerar que não ser escolhido certamente vai gerar algum nível de frustração. Quando a seleção é externa, a administração dessa frustração será uma tarefa do candidato. Porém, no caso da seleção interna, o candidato é um empregado da organização e continuará atuando nela. Nesse caso, a frustração pode colocar em dúvida a lisura do processo, comprometendo a credibilidade da gestão de pessoas em toda a organização, e traduzir-se em queda de produtividade e no não alcance dos objetivos estratégicos.

Quando estamos lidando com uma seleção interna, um programa de integração como o que descrevemos anteriormente não é pertinente. Contudo, não devemos esquecer que é preciso dar atenção à movimentação do empregado para seu novo setor. São novas atividades, novas responsabilidades, novos colegas e um novo gestor. Trata-se, portanto, de uma fase de adaptação, e a área de gestão de pessoas deve acompanhar esse processo para prover o suporte necessário ao empregado e a seu gestor.

## A seleção de executivos

Como um executivo é um profissional do topo da hierarquia organizacional, na qual as decisões organizacionais estratégicas são tomadas, não seria razoável supor que chegar a uma posição desse nível seria a consequência do desenvolvimento de carreira? Não faria sentido esperar que as vagas de executivos fossem providas por meio de seleção interna?

Imaginemos que você tenha respondido afirmativamente à pergunta que propusemos. Contudo, um levantamento realizado em 2011 pela consultoria Korn/Ferry International (Marino, 2014), que ouviu 1.318 executivos em 60 países, revela que apenas 35% das empresas pesquisadas possuem planos de sucessão. E no Brasil a situação não é diferente. Uma pesquisa realizada pela Fundação Getulio Vargas (FGV, 2013), que ouviu quase 500 executivos de gestão de pessoas no Brasil, revelou que em 61% das organizações não há um programa interno que identifique e monitore sistematicamente os talentos e os *high potentials*. Segundo Marino (2014), com base na mesma pesquisa, a situação é ainda mais grave quando o assunto é a existência de um programa estruturado de sucessão: em 68% das organizações pesquisadas, a sucessão é um processo informal e subjetivo, e em 51%, somente discute-se sucessão quando algum executivo sai da companhia.

Apesar dos dados que acabamos de apresentar, gostaríamos de convidá-lo a pensar sobre a importância de investir em programas de sucessão como ferramentas privilegiadas de seleção interna para a provisão de cargos executivos.

Um bom exemplo de programa de sucessão que podemos apresentar é o praticado pela Unilever, cuja meta é ter, pelo menos, dois sucessores para cada cargo estratégico, sendo que para os cargos mais estratégicos de cada área já existe um plano de sucessão definido (Marino, 2014).

Para atingir o objetivo previsto, todas as áreas da Unilever contam com um processo bem-estruturado de avaliação de desempenho, baseado nas entregas dos empregados, em ciclos de carreira bem-definidos e em um mapeamento de todas as funções da empresa. Além disso, há ainda o suporte de um comitê, coordenado pela área de gestão de pessoas, que conta com a participação de representantes de diferentes áreas, cuja atribuição é discutir os planos de sucessão, carreira e desenvolvimento da organização.

O projeto de um plano de sucessão pode ser realizado pela própria organização ou com o suporte de uma consultoria. Seja qual for a opção, a área de gestão de pessoas deve acompanhar todo o processo. Para a criação do plano, sugerimos os seguintes passos:

- busque alinhamento com a alta gestão da organização;
- defina um modelo de competências;
- desenvolva um bom processo de avaliação de desempenho;
- aplique o *assessment* (avaliação de competências), para identificar o potencial dos cargos estratégicos;
- defina as ações de qualificação para formação dos possíveis sucessores.

Um exemplo instigante de seleção de executivos é o processo realizado pela Proxis, uma empresa de *contact center* situada em São Paulo, para provimento do cargo de diretor administrativo-financeiro.

Um executivo brasileiro, que atuou por muitos anos na superintendência do SPC (Serviço de Proteção ao Crédito) Brasil, deixou a organização em 2006 e passou um tempo no exterior. De volta ao país, iniciou a busca por novos desafios profissionais.

A Proxis, por sua vez, viu-se diante do desafio de procurar um executivo no mercado de trabalho. As posições executivas na organização eram tradicionalmente providas com seleção interna, uma vez que o presidente era contra trazer um executivo sênior de fora da empresa. Mas, naquele momento, não foi possível cumprir essa determinação. Foi então que o serviço de um *headhunter* foi contratado e, por meio dele, o executivo ao qual nos referimos foi encaminhado à Proxis.

Foi um processo inovador desde o início, pois, em vez de começar pela área de gestão de pessoas, começou com uma entrevista diretamente com o presidente da empresa, por telefone, à qual se seguiu uma troca de *e-mails*.

Após uma maratona de entrevistas (um encontro em um hotel paulistano, um na empresa e um encontro informal na casa do presidente), o candidato soube que fora aprovado pelo principal executivo da empresa. Mas o processo ainda não havia acabado: haveria ainda uma entrevista com o Comex (Comitê Executivo da empresa), composto pelos diretores de operação e comercial, futuros pares do candidato. E, após essa entrevista, a etapa final: uma entrevista-almoço com seis gerentes, futuros subordinados, com duas horas de duração.

O caso da Proxis nos fornece muitos aspectos para serem discutidos. Em primeiro lugar, chama atenção o envolvimento do presidente da organização. Esse modo de conduzir o processo sugere a preocupação em contratar alguém efetivamente alinhado com a cultura da empresa.

Um aspecto bastante interessante, e mesmo inusitado, foi o envolvimento dos pares e subordinados no processo seletivo. O presidente estava convencido de que se o candidato não conquistasse seus pares e liderados, contratá-lo seria a mesma coisa que introduzir um problema na empresa.

Outro ponto a ser destacado é que o candidato foi observado e avaliado por várias pessoas, e em vários momentos. A multiplicidade de observadores amplia as percepções sobre o candidato e ajuda a controlar a subjetividade na avaliação. Já a multiplicidade de entrevistas possibilita observar o candidato em diferentes momentos e contextos e, assim, avaliar a coerência de seus comportamentos.

O caso que acabamos de analisar não é uma prática comum de seleção de executivos, nem um modelo que possa ser implantado em qualquer organização. A participação de pares e subordinados requer alto grau de maturidade dos envolvidos e uma cultura participativa bem consolidada. Mesmo assim, a situação apresentada nos dá uma boa ideia de como a seleção de um executivo requer cuidados específicos.

No capítulo 2, você já viu que os *headhunters* são o meio de atração mais utilizado na seleção de executivos. Agora, vai conhecer um pouco mais como se dá o processo seletivo conduzido por esses profissionais.

De modo geral, há duas etapas nesse tipo de serviço: o planejamento e a avaliação. Na etapa de planejamento, a empresa de *hunting* vai estudar o ambiente organizacional da contratante, identificar sua cultura, seus pontos fortes e fracos. É fundamental que se conheça em profundidade as responsabilidades e objetivos estratégicos tanto da empresa como da posição a ser preenchida, bem como os objetivos estratégicos a serem alcançados.

A etapa de avaliação consiste em identificar, a partir do banco de dados da empresa de *hunting* e de outras ferramentas de pesquisa, profissionais com os perfis mais adequados. Esses profissionais pré-selecionados são consultados sobre seu interesse em participar do processo, mas a identidade do cliente e a participação dos candidatos são preservadas.

Agora, pare e pense: se você estivesse selecionando um executivo para sua empresa, confiaria o processo integralmente a um serviço de *hunting*? Se você disse não como resposta a essa pergunta, é porque está pensando estrategicamente. Por mais reconhecida que seja uma empresa de *hunting*, por mais criteriosa que tenha sido a fase de planejamento e mais minuciosa a fase de avaliação, a organização contratante não pode se eximir da responsabilidade de ela mesma avaliar diretamente os candidatos. Uma consultoria é um olhar externo e, por mais qualificada que seja, não conhecerá todas as peculiaridades da cultura de seus clientes.

Uma premissa muito frequente na seleção de executivos é que excelentes resultados obtidos em outras organizações sejam suficientes para atestar a competência do candidato. Você acha que tal premissa é coerente com o conceito de competência que estudamos no capítulo 1? Certamente você respondeu não à pergunta, pois a competência não pode ser desvinculada de um contexto específico. Você deve estar lembrado que toda competência depende de um contexto favorável para que ela gere as entregas esperadas pela organização. Nesse sentido, na seleção de executivos, mais do que em qualquer outro processo seletivo, é muito importante investigar com o candidato que variáveis do ambiente organizacional de seus empregos anteriores foram decisivas para os bons resultados alcançados e quais foram aquelas que os dificultaram. Investigue também resultados que não foram alcançados e por que não o foram. A resposta a essas perguntas fornecerá elementos para comparar se os fatores de sucesso e fracassos anteriores estão presentes na organização para a qual a seleção está sendo realizada.

Aspectos como o que acabamos de apresentar podem ser adequadamente avaliados em entrevistas, por meio de perguntas comportamentais.

Não há dúvidas de que resultados são importantes, mas também é importante a maneira como são produzidos. Como resultados dependem necessariamente da ação de pessoas, é essencial conhecer em profundidade o estilo gerencial do candidato a uma posição de executivo. Competências como liderança, negociação, gestão de conflitos precisam, então, de uma investigação criteriosa.

Mais uma vez, entrevistas baseadas em perguntas comportamentais são uma adequada opção de técnica de seleção. Contudo, como vimos no capítulo sobre estas técnicas, sempre que possível, devemos utilizar mais de uma técnica. Por isso, sugerimos que a competência para avaliar a capacidade de liderança seja investigada por testes que são especificamente montados para isso. Também há testes que permitem avaliar outros aspectos da personalidade e que podem ajudar a traçar um perfil mais detalhado do candidato.

A avaliação de executivos por meio de testes muitas vezes já integra um pacote de serviços de *hunting* que tenha sido contratado ou, então, essa avaliação pode ser realizada pela própria empresa. Mas qualquer que seja a situação, não se esqueça: somente devem ser utilizados testes devidamente validados e autorizados pelo Conselho Federal de Psicologia.

Uma vez coletadas e sistematizadas informações sobre o candidato, no maior número possível, a organização estará apta a decidir. Tomada a decisão, tal como enfatizamos anteriormente, não deixe de fornecer um *feedback* aos candidatos que não foram escolhidos. Lembre-se: é importante que o candidato tenha uma boa imagem da organização, mesmo que ele não tenha sido o escolhido. Um *feedback* bem-estruturado pode ser fundamental para a construção dessa imagem e, quem sabe, para aproveitar o candidato em outra oportunidade.

## A seleção de aprendizes, estagiários e trainees

O que você acha que há em comum entre aprendizes, estagiários e *trainees*? Com certeza você deve ter pensado que são pessoas em processo de formação profissional, certo? E é exatamente isso. Programas de aprendizes, de estágio ou de *trainees* são relações de trabalho nas quais os empregadores assumem, para si, parte da formação profissional dos contratados.

E qual a importância desses programas para as organizações? Bem, qualquer curso de educação formal, seja técnico ou de nível superior, fornece uma formação genérica. Por melhor que seja o curso, será sempre necessário adequar o que foi genericamente aprendido ao contexto específico de uma organização. Dessa maneira, programas de aprendizes, de estágio e de *trainees* permitem às organizações customizar os profissionais egressos das intuições formais de ensino.

A efetivação de aprendizes, estagiários e *trainees* tem ainda outra vantagem fundamental: a convivência diária com o profissional em um contexto real de trabalho, o que possibilita uma observação privilegiada das competências, sobretudo das atitudes.

Apesar das semelhanças entre essas três modalidades de relação de trabalho, cada uma delas possui peculiaridades, tal como veremos a seguir.

### Aprendizes

A Lei da Aprendizagem, que é como ficou conhecida a Lei nº 10.097/2000, regulamentada pelo Decreto Federal nº 5.598/2005, define que aprendiz é o jovem de 14 a 24 anos incompletos que esteja cursando o ensino fundamental ou o ensino médio e trabalhe, recebendo, ao mesmo tempo, formação na profissão para a qual está se capacitando. É necessário que esteja cursando regularmente a escola (se ainda não concluiu o ensino médio) ou que esteja matriculado e frequentando instituição de ensino técnico-profissional conveniada com a empresa.

A mesma lei determina ainda que todas as empresas de médio e grande porte contratem um número de aprendizes equivalente a um mínimo de 5% e um máximo de 15% do seu quadro de funcionários cujas funções demandem formação profissional.

O contrato de aprendizagem é um contrato de trabalho especial, com duração máxima de dois anos, anotação na Carteira de Trabalho e Previdência Social, salário mínimo/hora e todos os direitos trabalhistas e previdenciários garantidos.

Nas seleções para provimento de vagas de aprendizes, é possível utilizar todas as técnicas de seleção que foram apresentadas no capítulo 4. O uso de testes de conhecimento e de aptidões diferenciais é uma opção bastante útil. Como os candidatos são alunos de ensino fundamental ou médio, os testes de conhecimento são ferramentas adequadas para mensurar o conhecimento teórico. Já os testes psicológicos de aptidão diferencial são muito úteis para fazer uma avaliação da capacidade de aprendizagem dos candidatos.

Com relação aos testes de habilidade, recomendamos que você tenha muita cautela: o contrato de aprendiz, para a grande maioria dos candidatos, será a primeira experiência de trabalho. Como vimos, trata-se de um contrato de aprendizagem e, sendo assim, a avaliação da habilidade pode ser comprometida pela pouca ou nenhuma experiência dos candidatos.

Dinâmicas de grupo e entrevistas são técnicas bastante adequadas para esse tipo de seleção, pois possibilitam avaliar aspectos comportamentais, de relacionamento interpessoal e atitudes.

Um exemplo de processo seletivo de aprendiz é o praticado pela Vale, denominado Programa Jovem Aprendiz, que oferece oportunidades para estudantes de ensino médio ou recém-formados, de 18 a 22 anos ou que morem no entorno das operações, em diversas áreas dos negócios da empresa. Não é preciso ter experiência, já que uma das propostas da iniciativa é justamente educar e qualificar jovens, preparando-os para o mercado de trabalho.

Os processos seletivos são abertos de acordo com as necessidades de cada área e, de modo geral, as vagas oferecidas são para a área de manutenção – mecânica, elétrica e solda. Contemplam triagem de currículo, prova *on-line*, entrevista coletiva, dinâmica de grupo/entrevista, avaliação psicológica e exame médico.

Entre as técnicas aqui citadas, gostaríamos de chamar sua atenção para o uso das provas *on-line*. Segundo Dias (2013), uma pesquisa realizada na Faculdade de Direito (FD) da USP revelou que, atualmente, uma parcela significativa da população não está incluída no acesso à internet e às tecnologias digitais. Quando estamos tratando da seleção de aprendizes, programas que, de modo geral, estão comprometidos com a causa da inclusão social, uso da internet no processo seletivo pode acabar reforçando a exclusão social.

O *feedback* aos candidatos que não foram selecionados é outro item que deve ser tratado com muita atenção na seleção de aprendizes. Como estamos falando de um programa de formação de futuros profissionais, você não considera importante que os candidatos que não foram selecionados saibam o que precisariam aprimorar para obter sucesso em outros processos seletivos? O *feedback* não seria uma maneira de contribuir para a futura inclusão desses candidatos?

Os programas de integração adquirem especial importância na contratação de aprendizes. Como já salientamos, em muitos casos trata-se de jovens em sua primeira experiência de trabalho. Há muito a aprender, e os programas de integração vão dar as primeiras diretrizes de como se comportar nesse novo ambiente.

## Estagiários

De acordo com a Lei nº 11.788/2008, em seu art. 1º:

> Estágio é ato educativo escolar supervisionado, desenvolvido no ambiente de trabalho, que visa à preparação para o trabalho produtivo de educandos que estejam frequentando o ensino regular em instituições de educação superior, de educação profissional, de ensino médio, da educação especial e dos anos finais do ensino fundamental, na modalidade profissional da educação de jovens e adultos.

Os programas de estágio fazem parte do projeto pedagógico de um curso de formação, e visam "ao aprendizado de competências próprias da atividade profissional e à contextualização curricular, objetivando o desenvolvimento do educando para a vida cidadã e para o trabalho" (Lei nº 11.788/2008, art. 1º, §2º).

O estagiário, diferentemente do aprendiz, não se caracteriza como um empregado, não estando sujeito à CLT. A relação de trabalho será formalizada pelo instrumento denominado termo de compromisso de estágio e será regida pelos dispositivos estabelecidos na Lei nº 11.788/2008.

A seleção de estagiários segue, em linhas gerais, as mesmas diretrizes da seleção de aprendizes, o que pode ser atestado pelas experiências de empresas como a Natura e a Unilever.

A Natura estruturou seu processo em atividades *on-line* e atividades presenciais. As atividades *on-line* incluem testes de raciocínio lógico – uma atividade individual composta por questões de múltipla escolha que devem ser respondidas em um tempo determinado; teste de idioma, composto por questões de múltipla escolha que devem ser feitas em um tempo determinado; prova situacional, na qual se apresenta um desafio para ser resolvido em grupo. Ao final dessa atividade, há uma avaliação em três dimensões (conhecida também como avaliação 3D) para troca de *feedbacks* e autorreflexão sobre o desempenho.

As atividades presenciais acontecem no final do processo seletivo e envolvem dinâmicas de grupo e entrevistas individuais.

Na Unilever, a seleção de estagiários dura aproximadamente três meses e utiliza testes *on-line* (raciocínio lógico e comportamental), dinâmica de grupo e entrevista com gestor.

O uso de avaliações *on-line* vem se configurando como uma tendência na seleção de estagiários. E tal tendência é justificável. Como vimos na seção sobre testes, eles são muito úteis quando temos um grande número de candidatos e se faz necessário aplicar um filtro. Processos de seleção como os da Natura e da Unilever costumam atrair milhares de candidatos. É fundamental aplicar filtros para que se possa chegar a um quantitativo de candidatos passível de ser avaliado presencialmente. Além disso, as etapas *on-line* otimizam recursos como tempo, logística e custo.

Assim como na seleção de aprendizes, o *feedback* aos não aprovados nas seleções para estagiário é muito importante, pois possibilita aos candidatos terem uma referência sobre que competências precisam aperfeiçoar.

Programas de integração são fundamentais, pois estagiários que passam por bons programas de integração tendem a apresentar melhor desempenho. Foi baseado nessa premissa que o banco Santander desenvolveu, em parceria com a empresa Aennova, um jogo virtual com o objetivo de integrar os novos estagiários. O nome dessa ferramenta digital é "Estagiário Santander – o Jogo" e seu objetivo é traduzir de forma lúdica os seguintes conteúdos: missão, visão e valores; marca, compromisso, modelo; direitos e deveres dos estagiários (conceitos básicos); investimento no profissional do futuro; modelo de negócio do Santander.

## Trainees

Os programas de *trainee* destinam-se à formação de profissionais para posições gerenciais e de especialistas, com foco em estudantes nos últimos anos do ensino superior ou profissionais recém-formados.

Ao contrário do estagiário, o *trainee* é um empregado da empresa, contratado no regime definido pela CLT.

Um programa de *trainees* apresenta uma peculiaridade bastante interessante: um processo seletivo rigoroso é realizado para provimento das vagas. Escolhidos os novos *trainees*, o próprio programa configura-se como um longo processo de avaliação, ao final do qual alguns permanecerão na empresa e outros serão desligados.

O programa de *trainee* da Usiminas – Programa Jovens Profissionais – tem duração de dois anos, oferece um desenvolvimento diferenciado aos participantes, com formação sólida alinhada ao modelo de gestão da empresa, proporcionando assim inúmeras oportunidades e desafios. Com esse programa, a Usiminas pretende desenvolver profissionais que tenham uma visão completa da empresa e que, após esse período, estejam prontos para atuar de forma estratégica na organização, com foco na eficiência operacional, ganhos de produtividade e na integração entre equipes.

A seleção de *trainees* se diferencia da seleção de estagiários, em razão do período em que os candidatos se encontram na faculdade, basicamente pelo nível de exigência na avaliação e na quantidade de técnicas aplicadas no decorrer do processo seletivo.

Na Volkswagen, por exemplo, há provas *on-line* (inglês, raciocínio lógico e conhecimentos específicos), dinâmica de grupo, entrevista por competência, teste oral de idioma (inglês e/ou alemão), painel de negócios com gestores e equipes de recursos humanos e entrevista individual com gestor.

Na seleção de *trainees* do banco HSBC, encontramos mais uma vez a etapa *on-line* (testes de inglês, de raciocínio e atividades colaborativas), painel e entrevistas individuais com gestores, apresentação de estudo de caso, exercícios de discussão em grupo e entrevista por competência.

Os painéis, com participação efetiva dos gestores são uma técnica de seleção que vem sendo muito utilizada na seleção de *trainees*. Como o *trainee* é alguém que será preparado para ocupar posições estratégicas na empresa, o contato direto com os gestores da organização que os painéis possibilitam é uma excelente ferramenta para avaliar a capacidade de comunicação, negociação, argumentação e pensamento sistêmico, competências muito importantes em funções gerenciais.

Da mesma maneira que na seleção de aprendizes e estagiários, a seleção de *trainees* não pode descuidar do *feedback* aos não selecionados nem da integração dos selecionados. Aliás, um bom trabalho de integração é uma etapa crucial para o sucesso de um programa de *trainees*.

## A seleção de portadores de necessidades especiais

Os dados do censo do Instituto Brasileiro de Geografia e Estatística (IBGE) e da Relação Anual de Informações Sociais (RAIS), de acordo com Oliveira (2014), indicam que há 45,6 milhões de brasileiros com algum tipo de deficiência. Contudo, desse total, apenas 306 mil fazem parte da população economicamente ativa.

Os dados que acabamos de apresentar permitem a você ter uma noção do quão excludente pode ser a nossa sociedade. Com o intuito de fomentar uma política nacional para integração da pessoa portadora de deficiência, foi promulgada a Lei nº 7.853, de 24 de outubro de 1989. Posteriormente, a Lei nº 8.213, de 24 de julho de 1991, art. 93, e o Decreto nº 3.298, de 20 de dezembro de 1999, art. 36, determinam que as organizações com 100 ou mais empregados estejam obrigadas a preencher de 2% a 5% dos seus cargos com beneficiários reabilitados ou pessoas portadoras de necessidades especiais. O não cumprimento do determinado na legislação sujeita as organizações infratoras ao pagamento de multa.

A determinação jurídica de cotas de contratação de portadores de necessidades especiais vem colocando diversos desafios para as organizações. Uma delas é que, apesar do número expressivo de pessoas portadoras de necessidades especiais existentes no país, também é grande a falta de qualificação, uma vez que essas pessoas não estavam privadas somente de acesso ao trabalho, mas também ao ensino formal, às possibilidades de qualificação. A consequência imediata é a grande dificuldade que as organizações estão enfrentando para cumprir a lei.

Trata-se de uma dificuldade significativa. Ao longo deste livro, temos chamado sua atenção para o papel central que a competência deve ocupar nos processos seletivos. Você acha, então, que na seleção de candidatos portadores de necessidades especiais devemos abrir mão da centralidade da competência na seleção? Certamente, sua resposta foi não. Portanto, se desejarmos manter o foco na competência, precisaremos tomar alguns cuidados.

Em primeiro lugar, recomendamos que você consulte o Decreto nº 3.298/1999, para tomar ciência das categorias de deficiência juridicamente definidas. Esse é um procedimento essencial para evitarmos situações constrangedoras como a de uma empresa que contratou, para uma de sua vagas para portadores de necessidades especiais, uma candidata cuja deficiência alegada era a falta de uma falange do dedo mínimo. O constrangedor da situação está no fato de a empresa ter sido multada, porque a falta da falange da candidata não se enquadra na definição de deficiência juridicamente estabelecida.

Em seguida, você precisará analisar as descrições de cargo de sua organização. Uma descrição de cargo é um documento que, se bem-produzido, conterá informações importantes, com base na quais será possível verificar para quais cargos é possível contratar alguma das categorias de deficiência estabelecidas na lei.

Uma vez mapeados os postos de trabalho onde possam ser alocados portadores de necessidades especiais, precisamos pensar em algumas precauções a serem tomadas nesse tipo de seleção. Em primeiro lugar, já falamos sobre a dificuldade de encontrar candidatos qualificados. É bem provável que seja a primeira oportunidade de emprego de muitos dos candidatos. Sendo assim, o foco principal da avaliação não deverá ser o conhecimento ou a habilidade, mas sim a atitude. Mas atenção: não estamos propondo que conhecimento e habilidade não sejam avaliados, mas sim que, face às peculiaridades de qualificação desse público, devemos estar mais atentos ao potencial de aprendizagem dos candidatos e à sua maneira de compreender sua condição de portador de uma deficiência.

Você deverá se certificar se sua organização oferece condições de acessibilidade para os tipos de deficiência dos candidatos. E lembramos que acessibilidade não é apenas uma questão de locomoção, mas sim ampla possibilidade de utilização de um espaço. Portanto, se sua empresa não está em dia com a acessibilidade, será preciso pensar e prover maneiras de lidar com as limitações do candidato.

Prepare as pessoas que receberão os candidatos com necessidades especiais. Informe a todos os profissionais que estabelecerão contato com esses candidatos sobre as dados e cuidados pertinentes a cada um deles. Lamentavelmente, ainda há pessoas preconceituosas.

Com relação às técnicas de seleção, é indispensável que você esteja muito bem-informado sobre o tipo de necessidade especial de cada candidato, para evitar a utilização de técnicas incompatíveis e que possam causar algum tipo de constrangimento. Uma dinâmica de grupo pode ser inadequada para candidatos portadores de deficiências físicas, caso proponha atividades que requeiram muita movimentação. Os testes psicológicos são inadequados para candidatos portadores de deficiências visuais. Se a deficiência do candidato for auditiva, a entrevista dependerá de alguém que domine a Língua Brasileira de Sinais (Libras).

Como você pode ver, a seleção de portadores de necessidades especiais vai requerer dos profissionais de seleção um preparo específico para lidar com uma gama de situações que até então não faziam parte de sua rotina. E, sobretudo, esses profissionais precisarão acreditar na importância da inclusão, da diversidade.

A integração dos novos empregados requer atenção da área de gestão de pessoas, uma vez que a chegada de um portador de necessidades especiais em um grupo de trabalho pode implicar alterações dos padrões habituais de funcionamento do grupo. A integração dependerá bastante de quão preparada a organização esteja para lidar com a diversidade.

O Decreto nº 3.298/1999 deixa claro que a deficiência está vinculada à incapacidade para o desempenho de atividade com referência a um padrão de normalidade. Sendo assim, dependendo da deficiência e da atividade que será desenvolvida, os colegas de trabalho precisarão estar preparados para lidar com um nível de produtividade diferente do habitual. São necessárias, então, estreita sintonia e parceria da área de atração e seleção com a área de treinamento e desenvolvimento para preparar os empregados da organização, fornecendo-lhes informações sobre os tipos de deficiência dos futuros colegas e criando condições para que eles sejam aceitos e respeitados.

Banov (2010) relata a experiência de uma rede de drogarias que contratou portadores de síndrome de Down para reposição de mercadorias. O desempenho deles era muito bom. Contudo, como portadores dessa síndrome têm como característica o cumprimento rigoroso de regras, sempre que viam algum funcionário descumprindo uma regra, o denunciavam à chefia. Você consegue imaginar o problema que a organização enfrentou, não é mesmo? Será que esse problema não poderia ter sido evitado? E se os colegas de trabalho tivessem sido preparados para lidar com esse tipo de situação?

Como você pode ver, um bom programa de integração, que conheça bem as peculiaridades de cada deficiência, em conjunto com o trabalho de preparação dos colegas de trabalho, pode ser o caminho para criar uma cultura de inclusão.

Não podemos negar as dificuldades e os desafios que a lei que determina um percentual obrigatório de contratação de portadores de necessidades especiais coloca para as organizações. Porém, em que pesem as dificuldades, os desafios, a lei deu visibilidade a mais de 45 milhões de brasileiros excluídos do mercado de trabalho. Não podemos mais ignorar a existência e os direitos deles. Pela força da lei somos levados a pensar sobre a inclusão. Veja-se, por exemplo, que os deficientes visuais são os menos aceitos e, no entanto, constituem cerca de 48,1% dos portadores de necessidades especiais (IBGE, 2000). E você, como pretende se posicionar? Vai se restringir a cumprir a lei ou vai trabalhar pela construção de uma sociedade mais inclusiva?

Neste capítulo, dirigimos nossa atenção para aspectos do ambiente organizacional contemporâneo que impactam diretamente alguns tipos de seleção. Vimos como a seleção interna é uma ótima ferramenta para motivar e reter os empregados. Discutimos como uma seleção de executivos é fundamental para prover a organização da liderança necessária à efetividade das organizações. Analisamos como a seleção de aprendizes, estagiários e *trainees* pode ser uma maneira de driblar a tão comentada falta de profissionais qualificados no mercado e discutimos algumas das implicações da legislação sobre a política nacional para integração da pessoa portadora de deficiências na seleção de portadores de necessidades especiais.

Em conjunto com os demais capítulos que apresentamos até aqui, propusemos práticas de atração e seleção que acreditamos serem mais efetivas. Mas toda prática, se quiser se aperfeiçoar, precisará ser avaliada: estamos realizando aquilo a que nos propusemos? Estamos entregando a competência que a organização espera de nós? Estamos sendo éticos ao realizar nosso trabalho de seleção? É sobre essas questões que iremos refletir no próximo capítulo, ao tratarmos da efetividade dos processos seletivos.

# 6

# A efetividade dos processos seletivos

De maneira geral, a forma mais utilizada para avaliação de qualquer trabalho é a observada pela relação custo *versus* benefício. Entretanto, para avaliarmos a efetividade dos processos seletivos, é preciso considerar bem mais do que apenas essas duas variáveis.

Sabemos que são múltiplas as variáveis que nos permitem individualizar e distinguir uma pessoa da outra. E, embora não tão numerosas, reconhecemos também a importância daquelas que pertencem ao contexto em que cada pessoa está ou será inserida.

Valores organizacionais e formas de liderança fazem parte desse contexto, assim como a percepção que cada indivíduo tem sobre o significado e a aplicação desses elementos, o que potencializa a quantidade de variáveis presentes.

Mas a complexidade do medir não impede ou invalida o estabelecimento de critérios de observação e acompanhamento, de forma que relações sejam encontradas no cruzamento das informações, norteando o trabalho de recrutadores, selecionadores e gestores de pessoas quanto à aplicação de métodos e ferramentas adequados a cada situação.

Neste capítulo, apresentaremos algumas dessas variáveis, tanto de natureza subjetiva, que podem surgir em razão de crenças e valores dos envolvidos no processo, quanto de natureza objetiva, pautadas em elementos concretos e em valores absolutos.

## A efetividade dos processos seletivos e o papel do selecionador

Como vimos nos capítulos anteriores, o estabelecimento de critérios é um dos principais fundamentos para que o processo seletivo seja desenvolvido com técnica, profissionalismo e organização. A mesma importância deve ser atribuída ao alinhamento de todos os conceitos aplicados às diversas competências mapeadas para cada cargo em questão. Isso feito, estamos prontos para dar o primeiro passo e entender o que constitui a efetividade dos processos seletivos.

Por definição, sabemos que a efetividade relaciona-se com algo que existe, que é real, e sua medida é representada pelo grau em que aquilo que está sendo avaliado aproxima-se do objetivo desejado.

A efetividade tem relação direta com a eficiência e a eficácia. Ambas também dizem respeito à obtenção de um resultado, estando a primeira relacionada à produção de determinado efeito e a segunda ao melhor ou ao mais adequado resultado proveniente desse efeito, tendo como parâmetro a relação desses resultados obtidos com objetivo desejado.

Aqui consideramos importante ressaltar que, ainda que as duas principais etapas do processo seletivo – a atração e a seleção – possam ser avaliadas isoladamente, o que deverá ser considerado como resultado final, satisfatório ou não, será a efetividade obtida pela aplicação interdependente dessas duas etapas, ou seja, isoladamente um bom resultado pode não implicar bom resultado final.

Como exemplo, podemos citar a situação geralmente enfrentada pelos selecionadores: o preenchimento de uma posição "para ontem". Nesse caso, o objetivo é encontrar o candidato adequado no menor tempo possível. Assim, se o meio de atração gerou baixo número de currículos, mas entre esses foi possível identificar um elevado número de candidatos com possibilidade de aproveitamento após a seleção, concluímos que o processo seletivo teve alta efetividade. Ao contrário, se o número de currículos obtidos for elevado, mas, após a seleção, houver mínima ou nenhuma possibilidade de aproveitamento, o processo seletivo será considerado de baixa efetividade.

A efetividade do processo seletivo constitui-se como vantagem competitiva para as organizações frente às constantes mudanças ocorridas no mercado, mesmo nos casos em que tenham sido poucas as mudanças sofridas nos princípios e nas técnicas de seleção. O grande desafio está na mudança de atitude ante as demandas dirigidas ao selecionador de pessoas em seu dia a dia, tanto com relação à organização e aos processos quanto na relação com os candidatos e com seu cliente interno: o requisitante.

Sendo o selecionador a peça-chave nesse momento, vamos focar agora em algumas mudanças atitudinais, hoje indispensáveis e diretamente relacionadas a seu perfil e a seu papel para o sucesso de qualquer processo de atração e seleção.

A primeira delas é o suporte à cultura e o respeito aos princípios éticos pessoais e da organização. A cultura organizacional pode ser entendida como um código que precisamos dominar para pertencer e participar de determinado grupo social. Tal como afirma Tavares (2002:43):

A cultura organizacional é um conjunto integrado de modos de pensar, de sentir e de agir que são aprendidos e partilhados pelas pessoas de uma organização, servindo de maneira objetiva ou simbólica para constituir estas pessoas em uma comunidade particular e distinta.

Para que uma pessoa possa gerar os resultados esperados pela organização em que trabalha, é preciso que se sinta parte da cultura dessa organização. Para isso, o indivíduo precisa compartilhar o significado de cada símbolo presente nessa organização e aceitá-lo, para ser aceito como membro dessa coletividade ímpar. Dessa forma, ao atrair e selecionar pessoas, o selecionador deve estar atento à identificação de candidatos que possuam valores e crenças compatíveis com os da organização. Esse também deve ser um fator a se observado pelo requisitante ao escolher quem vai trabalhar com ele.

Outro comportamento, dos mais esperados do selecionador, é o respeito aos princípios éticos da organização. Conforme Vázquez (1985:12): "Ética é a teoria ou a ciência do comportamento moral dos homens em sociedade." A confidencialidade das informações prestadas pelo candidato, a não violação dos direitos humanos, a privacidade das informações, o respeito a questões étnicas, sociais, religiosas e de orientação sexual devem ser sempre preservadas e sobrepostas a qualquer interesse.

A área de gestão de pessoas e o requisitante têm o dever de zelar por um processo integro e ético; portanto devem trabalhar integrados e de forma complementar. Tal prática reforça o fato de que o prognóstico de uma seleção deve estar voltado para a permanência do indivíduo motivado, comprometido com os resultados da organização, inserido na cultura organizacional e adaptado a ela. Ambos, indivíduo e organização, devem estar voltados para o aprendizado e para a melhoria contínua, mas sob o foco da estratégia empresarial.

Sempre que possível, o selecionador deve se antecipar às necessidades do cliente, imprimindo uma visão proativa no processo de atração e seleção, o que permitirá que ele planeje e execute melhor as ações nessa área. Vale sempre lembrar que o foco não é o gestor; é a organização. E o objetivo não é apenas o preenchimento de uma vaga, nem a seleção para uma única área ou um único gestor. O gestor muda, mas a organização continua. Você seleciona para atender aos objetivos estratégicos da organização. Isso significa que o planejamento estratégico irá direcionar as ações e a tomada de decisão final e reforça o conceito de que a gestão de pessoas é uma área de atuação estratégica e deve ser encarada como parte do negócio, apesar de seu papel de suporte.

Os processos seletivos devem sempre ser otimizados, questionando-se permanentemente todas as suas ações. Porém, as mais efetivas são aquelas que podem ser medidas antes e depois de uma intervenção. Assim, é preciso criar um conjunto de indicadores de qualidade que retratem como o processo está e como as metas estão sendo alcançadas. Analisar as medidas feitas no decorrer e no final do processo pode indicar pontos passíveis de aperfeiçoamento. A cada falha ou desvio dos objetivos no processo de atração e seleção, ocorrem oportunidades de melhoria que invocam a identificação das causas e permitem a tomada de decisão para o aprendizado e o desenvolvimento.

As diversas etapas do processo seletivo exigem do selecionador percepções e decisões decorrentes que, se não forem adequadas, poderão influenciar e comprometer a qualidade dos resultados. Uma das situações frequentes é formarmos conceitos prévios sobre pessoas ou coisas, utilizando nossos sentidos e valores. Estes funcionam como um filtro, ou como uma barreira, alterando as reais características e informações que vêm da realidade. É comum que alguns candidatos, em função de suas características e comportamento, despertem reações no selecionador que, por associações, pode relacioná-lo a alguém ou a uma situação negativa ou positiva, o que interfere no julgamento. Como exemplo: interpretar que uma pessoa que ficou muito tempo em uma organização não teve condições de se desenvolver ou que se trata de alguém acomodado. Se atentarmos para as posições ocupadas e para o grau de responsabilidade das atividades que assumiu, podemos tomar uma decisão melhor sobre as oportunidades de desenvolvimento que o candidato teve.

Para evitar que as nossas crenças influenciem nossa interpretação em relação aos fatos, temos de, inicialmente, tomar consciência delas, estar sempre questionando esses preconceitos e nos vigiando para evitar que possam também influenciar nossa análise e decisão. Nesse caso, mais uma vez, recomenda-se que outro selecionador seja chamado a participar da avaliação e ambos troquem seus pareceres e decidam em conjunto.

Na próxima seção, abordaremos a importância da efetividade no processo seletivo, incluindo o uso de indicadores que poderão facilitar a avaliação das atividades de atração e seleção e apontar como podem ser aplicadas, contribuindo para o alcance dos objetivos estratégicos.

## Avaliação da etapa de atração

A avaliação da eficiência e da eficácia dos diversos processos organizacionais é condição necessária para atender à demanda de aperfeiçoamento contínuo dirigida às organizações. A essência da avaliação é comparar os resultados efetivamente obtidos com os resultados planejados, visando corrigir eventuais distorções.

A comparação depende do estabelecimento de indicadores de desempenho que possam ser mensurados. A definição de um indicador de desempenho deve ser precedida pela escolha dos fatores que irão conferir conteúdo ao indicador e serão submetidos à mensuração. Por exemplo: currículos recebidos, candidatos que se apresentam espontaneamente, candidatos indicados para participar do processo seletivo, candidatos selecionados, candidatos indicados para cadastro, tempo de conclusão, custos com o processo, rotatividade de pessoal. Cada um desses fatores pode ser objeto de tratamento numérico.

Uma vez definidos os indicadores de avaliação, é preciso estabelecer unidades de medida, permitindo defini-los quantitativamente: frequência, percentual, valor absoluto, unidade de tempo.

Em terceiro lugar, é preciso definir um algoritmo, que é um processo de cálculo, segundo o qual as medidas serão determinadas. Um exemplo clássico de algoritmo é expresso pelo índice de rotatividade de pessoal, que expressa o quociente entre o número total de desligamentos durante o mês e o efetivo médio de recursos humanos no mês. Esse índice pode ser calculado tanto para a organização como um todo quanto para setores.

De modo geral, o índice de rotatividade tem sido o indicador mais utilizado para aferir a qualidade das práticas de seleção. Apesar da sua importância e utilidade, esse indicador tem um alcance limitado, em função de sua generalidade, uma vez que a rotatividade de pessoal, seja ela baixa ou alta, não depende exclusivamente da qualidade do processo seletivo. Uma organização poder ser muito eficiente na atração e seleção, mas não ter a mesma competência para reter seus empregados. É necessário, então, que sejam estabelecidos indicadores específicos desses processos, diretamente correlacionados com as operações que os constituem.

A definição das melhores estratégias de atração e seleção deve ser pensada para cada processo seletivo, em função das suas especificidades. Agindo dessa forma, estaremos aumentando nossas chances de atrair e selecionar pessoas de acordo com o perfil de que a organização necessita e com os objetivos que ela pretende alcançar.

O acompanhamento e avaliação sistemáticos das fases de atração e de seleção nos indicarão, no entanto, se as estratégias delineadas estão trazendo os resultados esperados e possibilitarão que façamos ajustes, quando necessários.

Como define Lodi (1987), uma estratégia de atração se baseia em hipóteses sujeitas a confirmação: a hipótese de que tal fonte é melhor que outra, de que tal apelo é melhor que outro etc. A partir da avaliação dos resultados, podemos ou não confirmar essas hipóteses e aperfeiçoar as estratégias.

Como exemplo relacionado à atividade de atração, podemos supor que, concluída essa etapa, a área de gestão de pessoas apresente três candidatos para entrevista final com o requisitante e nenhum seja aprovado. Tal situação pode demonstrar que, embora em quantidade satisfatória de candidatos, não atraímos nem escolhemos aqueles adequados às necessidades definidas pelo requisitante.

Para averiguarmos a qualidade do nosso trabalho por meio da adoção de indicadores, recomendamos a aplicação de alguns critérios. Primeiramente, temos de considerar o grau em que a medida atende às necessidades e aos interesses dos principais clientes envolvidos no processo. Em outras palavras, que valor deve ser atingido e como podemos mensurá-lo, para que possa oferecer suporte à tomada de decisão em todos os níveis. Em segundo lugar, devemos observar a forma como o processo está definido. É possível monitorá-lo para obter as medidas desejadas? Temos de definir indicadores que sejam exequíveis.

Muitas vezes, em função da importância do indicador, é necessário fazer mudanças no processo para viabilizar a medida. Devemos também buscar um *mix* de medidas apropriadas que apresente as dimensões de eficiência, de eficácia e de efetividade em cada etapa do processo seletivo. As duas últimas dimensões são as mais difíceis de avaliar porque requerem que trabalhemos com atributos que são, por sua natureza, subjetivos e, portanto, mais complexos para estabelecer relações padronizadas de causa e efeito.

Finalmente, temos de estabelecer alguns indicadores que possibilitem comparar o nosso desempenho com o da área de gestão de pessoas de outras organizações, por meio de pesquisas de *benchmark*. Alguns indicadores são tão específicos da organização e das necessidades dos clientes internos, que não são suscetíveis de comparação.

Ao iniciarmos a tarefa de definição de indicadores, o melhor é estabelecê-los no menor número possível e irmos aperfeiçoando nosso sistema, acrescentando outras medidas mais sofisticadas. Deve-se evitar a tendência de utilização de inúmeras medidas, que, além de desgastarem as pessoas que lidam com elas, nem sempre são úteis ou não medem o que se propõem medir.

Alguns indicadores do processo de atração poderão nos dar uma visão de sua eficiência:

❑ percentual de candidatos atraídos pelos diversos meios utilizados. Podemos também cruzar essa informação com regiões, idade, sexo, escolaridade etc.;
❑ percentual de obtenção de currículos triados, dentro dos padrões estabelecidos, por meio da atração;
❑ total de recursos financeiros gastos com a atração;
❑ tempo decorrido entre o início da atração até a obtenção do número adequado de candidatos atraídos.

Outros indicadores de desempenho podem ser obtidos por intermédio dos candidatos. São exemplos:

❑ percentual do grau de satisfação do candidato com as informações disponibilizadas na divulgação da vaga. Até que ponto elas foram suficientes ou decisivas para que ele fizesse sua escolha;

- qualidade no atendimento prestado pelos profissionais envolvidos com a atração;
- grau de satisfação dos candidatos não aproveitados quanto ao *feedback* recebido.

Os dados que alimentarão a base de cálculo desses indicadores podem ser obtidos em entrevista dirigida para tal fim ou por meio de formulário específico, preenchido pelos candidatos. Independentemente do instrumento aplicado, é importante garantir que o candidato sinta-se livre e confiante de que suas impressões sobre o processo de atração não terão influência na continuidade da sua participação no processo, incluindo a possibilidade de abster-se de participar da pesquisa.

Pelo que já foi visto no capítulo 2, podemos concluir que a escolha das fontes corretas resultará na formação de um grupo de candidatos com potencial para que o processo de seleção cumpra sua finalidade: selecionar competências. E para que isso seja alcançado, o processo de atração requer que o selecionador esteja atualizado com informações sobre mercado de trabalho, estratégia organizacional, demandas de pessoal e lacunas de competências. Precisará ter também profundo conhecimento sobre as melhores modalidades de atração e quando aplicá-las para obter retorno, isto é, atrair os melhores candidatos, convencendo-os a não migrarem para outros competidores. A seguir, apresentamos a importância de o selecionador constantemente avaliar as estratégias de seleção utilizadas buscando a melhoria contínua dessa etapa do processo.

## Avaliação da etapa de seleção

Como a etapa de seleção constitui-se na fase final do processo, a verificação de sua efetividade, em muitos casos, constitui-se na avaliação do processo como um todo, já que vários indicadores utilizados permitem a avaliação parcial ou total do processo, dependendo do corte considerado na base de dados – se da entrada na seleção até sua saída desta ou se do início até o final de todo o processo.

Em continuidade, listamos, como exemplos, alguns algoritmos para avaliação do processo de seleção:

- frequência de currículos recebidos/vagas a que se destinam;
- frequência de currículos aproveitados/total de currículos recebidos;
- frequência de candidatos selecionados/total de participantes;
- dias despendidos em cada etapa/tempo total;
- frequência de candidatos indicados para cadastro/total de participantes;
- frequência de candidatos aproveitados do cadastro/total de cadastrados;
- gastos com seleção/orçamento da área de gestão de pessoas.

Como citado, esses algoritmos permitem o cálculo de medidas referentes ao processo de seleção de pessoas. Como tais medidas viabilizarão o tratamento estatístico dos dados, elas possibilitarão uma avaliação objetiva do processo, parcial ou total.

O uso dos indicadores de desempenho citados não esgota as possibilidades de avaliação de um processo seletivo. Recomendamos que também seja feita uma avaliação direta com o requisitante da vaga, que deverá fornecer ao selecionador um *feedback* sobre seu grau de satisfação com o processo seletivo. Entre as possibilidades para medir o grau de satisfação do requisitante, recomendamos verificar:

- O processo atendeu suas necessidades?
- O mapeamento das competências foi adequadamente realizado?
- A quantidade e a qualidade dos candidatos foram satisfatórias?

❏ As técnicas aplicadas permitiram a verificação das competências desejadas?
❏ A qualidade do atendimento do selecionador foi satisfatória?

A avaliação mais significativa de qualquer processo seletivo, contudo, é o desempenho efetivo do novo empregado, que deve ser cuidadosamente avaliado, não só durante o período de experiência, como ao longo de toda a sua trajetória profissional na organização. O desempenho adequado de um novo empregado é um indicador privilegiado da validade do processo seletivo. Chamamos sua atenção, leitor, para o caráter sistêmico dos diversos processos de gestão de pessoas, nesse caso específico para a importância do processo de avaliação de desempenho como um dispositivo de validação das práticas de atração e seleção. Sem um sistema de avaliação de desempenho formal, bem-estruturado e eficiente não é possível gerar dados que possam ser estatisticamente correlacionados com os dados do processo seletivo.

Até aqui apresentamos algumas possibilidades de avaliação da efetividade dos processos seletivos, comentando as peculiaridades de cada uma delas e enfatizando as decisões que lhes são inerentes. Somente avaliando os procedimentos adotados e comparando os resultados obtidos com os desejados é que podemos, definitivamente, concluir se determinado processo seletivo cumpriu ou não sua finalidade, atraindo, selecionando e promovendo a retenção dos candidatos mais adequados às necessidades da organização.

Buscando imprimir mais efetividade a seus resultados globais, muitas organizações consideram estratégico optar pela contratação – parcial ou total – de prestadores de serviços para as atividades de atração e seleção. Na próxima seção, abordaremos as formas mais usuais dessa terceirização de serviços, assim como algumas de suas vantagens e desvantagens.

## Terceirização dos serviços de atração e seleção

A partir da década de 1990, impulsionada pela prática de gestão conhecida como reengenharia, a contratação de empresas especializadas em atração e seleção aumentou, pois muitas organizações revisaram seus processos e perceberam que poderiam obter melhor resultado se aumentassem o foco em seu negócio, repassando para terceiros algumas de suas atividades-meio. Essa busca pela vantagem competitiva levou à ampliação do escopo dos serviços, abrindo espaço para que terceiros também ficassem responsáveis por todas as atividades de atração e seleção de uma organização. E foi baseado nessa premissa que se desenvolveu o segmento da prestação de serviços de atração e seleção.

De início, cada organização buscava por meios próprios os candidatos para suprir sua necessidade de mão de obra. Com o crescimento do mercado produtivo, associado à maior competitividade entre as organizações, algumas dessas optaram por contratar prestadores de serviço especializados em atração e seleção, num primeiro momento apenas em situações especiais, como:

❏ vagas confidenciais (evitando expor a empresa contratante);
❏ vagas com maior nível de especialização;
❏ alto volume de vagas.

Outras já viam na terceirização uma possibilidade real de aumentar a qualidade de seus processos seletivos, com mais foco naqueles considerados estratégicos.

Entretanto, não é a atividade, seja exercida por equipe própria ou por terceiros, que traz mais ou menos vantagens para a organização, mas sim a forma com que se toma essa decisão – ou seja, devem ser consideradas as razões estratégicas que levaram a administração a optar por um ou outro modelo – bem como a qualidade da relação que se estabelece entre as empresas contratantes e contratadas.

Genericamente, todas as atividades-meio podem ser terceirizadas. É aqui que encontramos o diferencial da decisão. Como base para essa escolha, sugerimos que cada organização reflita sobre seu posicionamento frente às seguintes questões:

❑ Qual a avaliação que a organização e, especificamente, a área de gestão de pessoas têm de seus processos de atração e seleção, considerando seu alinhamento com os objetivos organizacionais, o grau de especialização dos profissionais que atuam na área, o tamanho da equipe, entre outros?
❑ Que laços técnicos e operacionais a organização está disposta a compartilhar na sua relação com a atração e seleção, à medida que estas passam a ser um serviço contratado, que necessita ser percebido também como mais uma atividade a ser administrada?
❑ Quais atividades ficarão a cargo da organização na administração do contrato de terceirização do serviço?
❑ Na localidade/região há prestadores de serviço com padrão profissional compatível com aquele adotado pela organização?

As respostas que forem oferecidas a essas perguntas básicas, porém de conteúdo estratégico, definirão quais os pontos, entre os apresentados a seguir, comuns a qualquer processo envolvendo a prestação de serviços, acabarão sendo incorporados e influenciarão os resultados obtidos.

A reflexão sobre os questionamentos aqui exemplificados, entre outros fatores, é fundamental para a decisão do que será terceirizado. Nesse ponto, é preciso definir com clareza o que constitui as atividades-fim e as atividades-meio de cada organização. Como exemplo, podemos lembrar que, do automóvel ao tênis, as marcas líderes não realizam a produção integral dos bens que comercializam, numa demonstração clara da importância que a definição do objetivo da organização assume para todo o negócio e sua cadeia de relacionamento. Especificamente em referência às atividades de atração e seleção, consideramos ser conveniente que o gestor de pessoas observe as vantagens e desvantagens listadas a seguir, como base para a decisão de terceirizar ou não, no todo ou em parte, seus processos seletivos.

## Vantagens mais comuns

Entre as vantagens mais comuns da terceirização, podemos elencar:

- serviço feito por profissional especializado;
- banco de candidatos mais abrangente e atualizado;
- redução do fluxo de candidatos nas instalações da empresa;
- empregado do prestador de serviços não incluído na categoria profissional do tomador;
- utilização de técnicas constantemente atualizadas de atração e seleção;
- menor custo de atração de mão de obra;
- redução da exposição do tomador e seus profissionais, em processos sigilosos;
- redução do custo de atualização e desenvolvimento dos profissionais envolvidos;
- redução do custo de atualização dos procedimentos de atração e seleção;
- neutralidade do prestador, por não estar na cadeia hierárquica do tomador;
- maior tempo de dedicação da área de gestão de pessoas nas atividades estratégicas, deixando as operacionais a cargo do prestador de serviços.

## Desvantagens mais comuns

Como principais desvantagens da terceirização das atividades de atração e seleção, destacamos:

- pessoas estranhas à organização – principalmente no início da prestação do serviço, os profissionais designados pelo prestador podem não estar alinhados com a cultura organizacional da empresa tomadora, assim como com suas particularidades. As relações entre prestador e tomador, na maioria das vezes, não é influenciada pelos fatores presentes na cultura da organização, e alguns desses fatores podem ter, para o prestador, significados diferentes daqueles que têm na organização contratante;
- custo inicial mais elevado – a redução de custos com a terceirização de qualquer serviço só ocorre no longo prazo. A garantia da qualidade no resultado da prestação dos serviços de atração e seleção está relacionada ao padrão profissional do prestador contratado. E, em geral, o mercado atribui valor mais elevado aos melhores profissionais;
- corresponsabilidade – embora o serviço seja executado pelo terceiro, o tomador pode responder solidariamente pelas ações daquele nas atividades relacionadas ao procedimento contratado, principalmente se ocorrer divulgação indevida de informações sobre candidatos envolvidos no processo;
- desconhecimento da estratégia – a atuação dentro de um mercado diferente do tomador pode dificultar a compreensão de características específicas desse mercado, dificultando o alinhamento com os objetivos estratégicos definidos pela organização contratante;
- vazamento de informações – a vantagem que pode ser obtida pela redução da exposição em processos sigilosos tem sua contrapartida no fato de o tomador de serviço não ter controle sobre quem, no prestador, tem acesso às suas informações. Em qualquer atividade terceirizada existe o risco de que um empregado do prestador tenha seu vínculo rompido, por vontade própria ou não, e vá trabalhar no concorrente do tomador;

❏ espaço físico – as instalações do prestador de serviços não refletem a imagem da organização que o contrata e, de certo, este também pode ser um fator de influência na tomada de decisão do candidato.

Fundamental, para tornar viável qualquer processo de terceirização, é que muita atenção seja dedicada ao levantamento da disponibilidade e da capacitação dos prestadores de serviços existentes na comunidade, de acordo com o nível de atendimento desejado. Do mesmo modo, independentemente de ser próprio ou terceirizado o serviço, todas as ações e procedimentos adotados nos processos seletivos devem estar alinhados com os padrões éticos esperados em qualquer relacionamento entre pessoas. Esse é o assunto da próxima seção.

## A ética nos processos seletivos

É comum ouvirmos que "a área de atração e seleção é o cartão de visitas da empresa". E, em grande parte das situações, é mesmo. Essa é uma razão suficiente para que todos os profissionais envolvidos nos processos seletivos atuem segundo os procedimentos éticos adequados. Entretanto, o que mais encontramos é a atuação de acordo com os procedimentos éticos adequados à ética empresarial adotada pela organização, que geralmente prestigia mais a relação da empresa com seus acionistas, clientes, fornecedores, colaboradores e com a sociedade em geral. A ética também precisa estar presente nos procedimentos adotados para atração e seleção de candidatos. Para tal, é fundamental que o selecionador aplique o modelo ético adotado pela organização em todas as suas atividades, desde o levantamento do perfil do cargo até o acompanhamento do candidato selecionado, e no *feedback* aos candidatos não selecionados, explicitando os motivos do não aproveitamento ou apenas agradecendo pela participação no processo.

Quantas empresas você conhece que praticam o *feedback* para os candidatos não qualificados em um processo seletivo? É raro encontrar quem o faça. A maioria não o faz tendo como justificativa o elevado número de vagas ainda a serem preenchidas, que correspondem a um elevado número de pessoas a serem contatadas, testadas e entrevistadas. Esquecem que, ao participar de um processo seletivo, os candidatos criam expectativas e até sonham com a possibilidade da contratação. Uma simples informação sobre como foi definida a classificação ou apenas um agradecimento pela participação, ainda que por telefone *ou e-mail*, pode fazer diferença.

Como enfatizado, a ética deve estar presente desde o início do processo, ou seja, no mapeamento das competências para elaboração do perfil do cargo. Nesse momento, não devem ser incluídas qualificações que o futuro empregado não utilizará no exercício do cargo, salvo se elas forem necessárias para seu desenvolvimento na organização ao longo do tempo. Nesse caso, o candidato deve ser informado, no momento da triagem, que serão avaliados seu desempenho para o cargo e também seu potencial para crescer na organização. Devemos sempre considerar que há a possibilidade de o candidato estar motivado pela oportunidade de usar essa ou aquela competência imediatamente. Não se sentindo satisfeito, pode desistir de participar do processo.

Embora a legislação atual proíba a discriminação, não custa lembrar que há pré-requisitos que contradizem a norma legal e que não podem ser exigidos. Entre eles encontramos: boa aparência, limites de idade, sexo, raça, formação escolar em instituição de ensino específica. Até o formulário ou ficha de inscrição pode ser considerado como elemento discriminatório se solicitar informações não relacionadas diretamente com a atividade a ser exercida. Entre essas estão alguns dados pessoais dos candidatos: endereço, data e local de nascimento, estado civil. Deixamos claro que não nos cabe fazer juízo de valor sobre os exemplos citados, mas consideramos oportuno deixar o alerta de que são itens que podem ser considerados como discriminatórios se não puderem ser classificados como uma qualificação para o exercício da atividade profissional considerada.

Apesar de os cuidados com a aplicação de testes em seleção de pessoas já terem sido abordados no capítulo 4, reforçamos aqui o alerta quanto à aplicação do procedimento ético na escolha dos instrumentos de avaliação. Em resumo, será considerado ético o processo seletivo em que todos os testes aplicados tiverem validade atestada por cálculos estatísticos, em que seja comprovada a maior correlação entre o que está sendo medido – a performance do candidato ao participar da avaliação – e o critério adotado na medição – geralmente o desempenho esperado no exercício da função ou a medida desejada de uma ou mais competências específicas. A validade em referência pode estar relacionada a um instrumento de medida isolado e também a este em conjunto com outro.

O tempo também pode ser um fator diferenciador na aplicação do comportamento ético em processos seletivos. Todos nós já ouvimos alguém comentar que passou horas esperando para ser atendido pelo selecionador. Exageros à parte, agendar um horário para atender um candidato e não cumpri-lo é, além de um desrespeito à pessoa, uma conduta antiética. Existem exceções que comprovam a regra, mas quando imprevistos ocorrerem, o candidato deve ser informado e participar da decisão sobre a extensão do horário ou escolha de nova data. Também é comum que o agendamento seja feito "em cima da hora", deixando pouca margem para que o candidato possa organizar seus compromissos e participar do processo seletivo sem preocupar-se com o que teve de deixar para trás.

A transparência na aplicação dos instrumentos de avaliação é outro fator que comprova a observância à ética nos processos seletivos. Informar aos candidatos qual o objetivo de cada um dos instrumentos ou técnicas aplicadas, em especial na utilização de dinâmicas de grupo, além de reduzir a ansiedade, reforça o comportamento ético adotado pela organização. Merece atenção semelhante a entrevista, estruturada ou não. Além dos cuidados necessários, para garantir confidencialidade, o selecionador não pode invadir a privacidade do candidato, fazendo perguntas que não tenham uma relação direta com a atividade a ser exercida.

Nos serviços terceirizados de atração e seleção, o procedimento ético muitas vezes não é aplicado como deveria. Principalmente quando em defesa da manutenção do sigilo em relação ao contratante, o prestador de serviços faz com que candidatos permaneçam em processos seletivos sem informações adequadas. Não podemos esquecer que candidatos podem ter restrições para trabalhar em certas empresas, ou mesmo a localização do contratante pode ser um fator de desistência.

Como podemos perceber, esses são apenas alguns *insights* para uma reflexão mais abrangente sobre a adoção da ética no contexto organizacional. Pelo que foi exposto nesta seção, não resta dúvida de que se faz necessária a constante observação das atividades exercidas e dos meios aplicados nos processos de atração e seleção para que sejam percebidos como justos, imparciais e, portanto, éticos.

# Conclusão

Como dissemos, a finalidade da atração e da seleção continua sendo buscar competências para as organizações, mas é preciso que nos dediquemos a fazê-lo com seriedade e respeito pelo ser humano, pois os níveis de exigência aumentaram, tanto para o candidato quanto para o selecionador.

As organizações sempre fizeram significativas mudanças em seus processos, geralmente envolvendo matérias-primas, máquinas, tecnologias, infraestrutura ou mesmo funções administrativas, na intenção de incrementar o lucro e diminuir o esforço humano. Tudo isso sempre foi e continuará sendo realizado, em grande parte, pelas pessoas.

Podemos tomar como marco na gestão de pessoas a experiência de Hawthorne – titulada com o nome da cidade dos EUA onde o psicólogo Elton Mayo desenvolveu de forma pioneira a identificação de fatores que interfeririam no desempenho dos trabalhadores – por ser, talvez, o primeiro momento em que um gestor olhou além do que os músculos poderiam fazer para a organização, já que, até recentemente, os processos, as máquinas, a tecnologia e as funções administrativas ainda eram vistos como prioridade sobre as pessoas. Historicamente, contrariando a natureza que lhes tem oferecido maior longevidade, as pessoas eram consideradas itens descartáveis na cadeia produtiva. Em parte, sua abundância contribuiu para essa concepção.

Simultaneamente, ocorria uma luta desproporcional entre o capital e o trabalho. Embora o aumento do primeiro fosse consequência da amplitude do segundo, isso era obtido por intermédio de uma relação de dominância. O capital se apoderava das pessoas, às vezes mais do que só de seus músculos, como se fossem partes intercambiáveis, removíveis e substituíveis em qualquer fase do processo. Raras eram as exceções, mas havia.

Era o que bastava. O homem sempre serviu de modelo para o homem, desde Adão. E ao ver que as raras exceções tinham um tratamento diferenciado, outros começaram a observar o que as diferenciava. Não foi difícil chegar à conclusão: são as competências. E mais uma transformação começou a ocorrer, pois o capital foi perdendo em valor monetário e ganhando em valor intelectual.

Também o panorama atual e suas macrotendências são outros. Como vimos ao longo do livro, as pessoas vêm ganhando destaque na reflexão sobre a competitividade das organizações. A ênfase na competência, seja da organização, seja dos indivíduos, ocupa uma posição central não só na gestão de pessoas como na gestão empresarial como um todo.

Para contratar pessoas e preencher cargos, as atividades tradicionais, com seus padrões, bastam. Para atrair competências, selecioná-las adequadamente e mantê-las motivadas para que possam gerar os resultados esperados, tornou-se indispensável que essas atividades sejam estrategicamente planejadas, eticamente praticadas e estejam em alinhamento com a missão da organização.

Ao concluir a leitura deste livro, imaginamos ter proporcionado a você a oportunidade de compreender como utilizar a atração e a seleção ajustadas para essa nova fase da relação entre o homem e seu trabalho. Mas, sobretudo, como dissemos inicialmente, esperamos ter conseguido sensibilizá-lo para uma mudança de atitude para com as práticas de atração e seleção. Estamos cansados dos discursos modernos, arrojados e... vazios! Discursos e práticas coerentes de atração e seleção de competências somente podem brotar do profundo e contínuo questionamento sobre nossas crenças e nossos valores acerca do papel das pessoas para a competitividade organizacional. Se não acreditarmos efetivamente que são as pessoas que fazem a diferença, os processos seletivos, a despeito de todo o discurso sofisticado que possa revesti-los, não passarão de uma mera formalidade burocrática.

Desejamos, então, ter conseguido confrontar você com suas crenças e seus valores, facilitando, dessa maneira, a formação de atitudes socialmente responsáveis para com as práticas de atração e seleção de pessoas.

# Referências

AFFERO LAB. *Desafios do RH*: uma perspectiva de negócios. São Paulo: Affero Lab, 2014. Disponível em: <https://d2p52n04yb9sso. cloudfront.net/uploads/ea7ba7f09fe011e3bdece5469904a8f0/original/ Desafios_do_RH_web.pdf>. Acesso em: 9 abr. 2014.

ALMEIDA, Walnice. *Captação de talentos*. São Paulo: Atlas, 2004.

ANASTASI, Anne. *Testes psicológicos*. São Paulo: EPU, 1977.

BANOV, Márcia Regina. *Recrutamento, seleção e competências*. São Paulo: Atlas, 2010

BUENO, José Hamilton. *Manual do selecionador de pessoal*: do planejamento à ação. São Paulo: LTr, 1995.

BRASIL. Decreto-Lei nº 5.452, de 1º de maio de 1943: Aprova a Consolidação das Leis do Trabalho. *Diário Oficial da União*, Rio de Janeiro, DF, 9 ago. 1943.

_____. Lei nº 7.853, de 24 de outubro de 1989: Dispõe sobre o apoio às pessoas portadoras de deficiência, sua integração social, sobre a Coordenadoria Nacional para Integração da Pessoa Portadora de Deficiência... *Diário Oficial da União*, Brasília, DF, 25 out. 1989.

_____. Lei nº 8.213, de 24 de julho de 1991: Dispõe sobre os Planos de Benefícios da Previdência Social e dá outras providências. Diário Oficial da União, Brasília, DF, 25 jul. 1991.

_____. Decreto nº 3.298, de 20 de dezembro de 1999: Regulamenta a Lei nº 7.853, de 24 de outubro de 1989, dispõe sobre a Política Nacional para a Integração da Pessoa Portadora de Deficiência, consolida as normas de proteção, e dá outras providências. Diário Oficial da União, Brasília, DF, 21 dez.1999.

_____. Lei nº 10.097, de 19 de dezembro de 2000: Altera dispositivos da Consolidação das Leis do Trabalho – CLT, aprovada pelo Decreto-Lei nº 5.452, de 1º de maio de 1943. Diário Oficial da União, Brasília, DF, 20 dez. 2000.

_____. Decreto nº 5.598, de 1º de dezembro de 2005: Regulamenta a contratação de aprendizes e dá outras providências. Diário Oficial da União, Brasília, DF, 2 dez. 2005.

_____. Lei nº 11.788, de 25 de setembro de 2008: Dispõe sobre o estágio de estudantes; altera a redação do art. 428 da Consolidação das Leis do Trabalho... Diário Oficial da União, Brasília, DF, 26 set. 2008.

BURNS, Susan. Using social networks to comunicate engage: the future of your talente acquisition. Electronic Recruiting Exchange – ERE, set. 2009. Disponível em: <www.ere.net/2009/09/25/using-social-networks-to-communicate-and-engage-the-future-of-your-talent-acquisition-strategy/>. Acesso em: 12 mar. 2015.

CATHO. Pesquisa dos profissionais brasileiros: um panorama sobre contratação, demissão e carreira. Catho, Barueri, SP, 2013. Disponível em: <www.catho.com.br/pesquisa-executivos/2013/>. Acesso em: 2 abr. 2013.

CONSELHO FEDERAL DE PSICOLOGIA (CFP). Jornal do Conselho Federal de Psicologia, Brasília, DF, ano XVIII, n. 77, fev. 2004. Suplemento especial: Testes psicológicos.

_____. Resolução no 2/2003. CFP, Brasília, DF, 26 mar. 2003. Disponível em: <http://site.cfp.org.br/resolucoes/resolucao-n-2-2003/>. Acesso em: 30 jan. 2015.

DANNA, Marilda Fernandes; MATOS, Maria Amélia. *Ensinando observação*: uma introdução. 4. ed. São Paulo: Edicon, 1999.

DEMO, Pedro. *Educação e qualidade*. 2. ed. Campinas, SP: Papirus, 1995.

DIAS, Valéria. Inclusão digital deve ser um direito fundamental. *Agência USP de Notícias*, São Paulo, 11 set. 2013. Disponível em: <www.usp.br/agen/?p=152175>. Acesso em: 17 out. 2013.

DRUCKER, Peter F. *Sociedade pós capitalista*. 2. ed. São Paulo: Pioneira, 1994.

DUTRA, Joel Souza. *Competências*: conceitos e instrumentos para a gestão de pessoas na empresa moderna. São Paulo: Atlas, 2004.

ELIAZALDE, Luiz López-Yarto. *Dinámica de grupos*: cincuenta años después. Bilbao: Desclée de Brouwer, 1997.

ERTHAL, Tereza Cristina. *Manual de psicometria*. 7. ed. Rio de Janeiro: Jorge Zahar, 2003.

FADEL, Claudia. A hora e a vez do talento: por um novo diálogo entre escolas e empresas. *Melhor Gestão de Pessoas*, São Paulo, n. 317, p. 62-63, abr. 2014.

FINNIGAN, John. *A pessoa certa no lugar certo*. São Paulo: Difel, 1974.

FLEURY, Afonso; FLEURY, Maria Tereza Leme. *Estratégias empresariais e formação de competências*: um quebra-cabeça caleidoscópio da indústria brasileira. São Paulo: Atlas, 2000.

FLEURY, Maria Tereza Leme. *Cultura e poder nas organizações*. São Paulo: Atlas, 1996.

FUNDAÇÃO GETULIO VARGAS (FGV). *High potentials, talentos e sucessão no Brasil*. Rio de Janeiro FGV, 2013. Pesquisa da Fundação

Getulio Vargas – Instituto de Desenvolvimento Educacional. 25 p. Disponível em: <http://medias.ciranda.me/files/fgv-high-potentials-talentos-e-sucessao-no-brasil-2.pdf>. Acesso em: 7 abr. 2013.

GIBNEY, Ray; SCOTT, Kristin, L.; ZAGENCZYK, Thomas J. Psychological contracts and organization identification: the mediating effect of perceived organizational support. *Journal Labour Research*, Santa Clara, CA, v. 32, n. 3, p. 254-281, 2011.

GOSHAL, Sumantra; BARTLETT, Christopher. *A organização individualizada*: talento e atitude como vantagem competitiva. Rio de Janeiro: Campus, 2000.

GRAMIGNA, Maria Rita. *Modelo de competências e gestão de talentos*. São Paulo: Makron Books, 2002.

GREEN, Paul C. *Desenvolvendo competências consistentes*: como vincular sistemas de recursos humanos a estratégias organizacionais. Rio de Janeiro: Qualitymark, 1999.

GRUPO DMRH. *A empresa dos sonhos dos executivos*: relatório geral. São Paulo, DMRH, 2013. Disponível em: <http://pt.slideshare.net/dmrh/empresa-dos-sonhos-dos-executivos-2013>. Acesso em: 9 abr. 2014.

HAMEL, Gary; PRAHALAD, Coimbatore K. *Competindo pelo futuro*. Rio de Janeiro: Campus, 1995.

INSTITUTO BRASILEIRO DE GEOGRAFIA E ESTATÍSTICA (IBGE). Censo 2000: população residente por tipo de deficiência. Rio de Janeiro: IBGE, 2003. Disponível em:<www1ibge.gov.br/home/população/censo2000>. Acesso em: 10 out. 2012.

KIDDER, D. L.; BUCHHOLTZ, A. K. Can excess bring success? CEO compensation and the psychological contracts. *Human Resources Management Review*, Nova Orleans, v. 12, n. 4, p. 599-617, inverno 2002.

LACOMBE, Francisco Jose Masset. *Dicionário de administração*. São Paulo: Saraiva, 2004.

LEME, Rogério. *Seleção e entrevista por competências com o inventário comportamental*. Rio de Janeiro: Qualitymark, 2007.

LIEVEGOED, Bernard. *Fases da vida*: crises e desenvolvimento da individualidade. São Paulo: Antroposófica, 2002.

LLOYD, S. et al. Investigating the moderating effects of leader-member exchange in the psychological contract breach – employee performance relationship: a test of two competing perspectives. *British Journal of Management*, v. 21, p. 422-437, 2010.

LODI, João Bosco. *Recrutamento de pessoal*. 6. ed. São Paulo: Pioneira, 1987.

MAILHIOT, Gérald Bernard. *Dinâmica e gênese dos grupos*. 5. ed. São Paulo: Duas Cidades, 1981.

MARINO, Caroline. Passar o bastão. *Melhor*: gestão de pessoas, São Paulo, n. 317, p. 30-37, abr. 2014.

MAXIMIANO, Antônio Cesar Amaru. *Teoria geral da administração*: da revolução urbana à revolução digital. 7. ed. São Paulo: Atlas, 2012.

MENDONÇA, Márcia C.F. *Como reter talentos por meio de reconhecimento e recompensa*. 2002, 186 f. Dissertação (mestrado) – Escola Brasileira de Administração Pública e de Empresas, Fundação Getulio Vargas, Rio de Janeiro, 2002.

MORENO, J. L. *Psicodrama*. Buenos Aires: Hormé, 1972.

OLIVEIRA, Anna Carolina. Espaço para o diferente. *Você RH*, São Paulo, ed. 29, p. 58-61, dez. 2013/jan. 2014.

O'REILLY, Charles A. *Talentos ocultos*: como as melhores empresas obtêm resultados extraordinários com pessoas comuns. Rio de Janeiro: Campus, 2001.

PASTORE, José. *O desemprego tem cura?* São Paulo: Makron Books, 1998.

PEARSON EDUCATION DO BRASIL. *Administração de recursos humanos.* São Paulo: Pearson Education do Brasil, 2010.

PONTES, B. R. *Planejamento, recrutamento e seleção de pessoal.* São Paulo: LTr, 1996.

PORTER, M. E. What's strategy? *Harvard Business Review,* Boston, v. 74, n. 6, p. 61-78, nov./dez. 1996.

PRAHALAD, Coimbatore K.; HAMEL, Gary. The core competence of the corporation. *Harvard Business Review,* Boston, p. 79-91, maio/jun. 1990.

QUEIROZ, Cláudio. *As competências das pessoas.* 5. ed. São Paulo: DVS, 2008.

RABAGLIO, Maria Odete. *Seleção por competências.* São Paulo: Educator, 2001.

REIS, Valéria dos. *A entrevista de seleção com foco em competências comportamentais.* Rio de Janeiro: Qualitymark, 2003.

RESENDE, Enio José. *O livro das competências.* 2. ed. Rio de Janeiro: Qualitymark, 2003.

ROBINS, Sthephen P. *Comportamento organizacional.* São Paulo: Pearson Prentice Hall, 2005.

SERVIÇO NACIONAL DE APRENDIZAGEM COMERCAL (SENAC). Departamento Nacional. *Processo de administração de desempenho (PAD):* manual de avaliação. Rio de Janeiro: SENAC, 2013.

SUAZO, M. The impact of affect and social exchange on outcomes of psychological contract breach. *Journal of Managerial Issues.* Jacarta, v. XXIII, n. 2, p. 190-205, verão 2011.

SULLIVAN, John. Referral cards can wow those you meet. *Electronic Recruitting Exchange – ERE,* jan. 2008. Disponível em: <www.ere.net/2008/01/21/referral-cards-can-wow-those-you-meet/>. Acesso em 12 mar. 2015.

TAVARES, Maria das Graças Pinho. *Cultura Organizacional*: uma abordagem antropológica da mudança. 2. reimp. Rio de Janeiro: Qualitymark, 2002.

THOMPSON, James D.; TUDEN, Arthur. Strategies, structures and processes of organizational decision. In: _____. *Comparative studies in administration*. Pittsburgh, PA: The University of Pittsburgh Press, 1959.

TOFFLER, Alvim. *A terceira onda*. 31. ed. São Paulo: Record, 2012.

TREACY, M.; WIERSEMA, F. *The discipline of market leaders*. Reading: Addison-Wesley, 1995.

ULRICH, David. *Os campeões de recursos humanos*: inovando para obter os melhores resultados. São Paulo: Futura, 1998.

VÁZQUEZ, Adolfo Sánchez. Ética. Rio de Janeiro: Civilização Brasileira, 1985.

WEISS, Cristina Aiach. Treinamento de integração: a primeira impressão de uma instituição. In: BOOG, Gustavo; BOOG, Magdalena. *Manual de treinamento e de desenvolvimentos*: processos e operações. São Paulo: Pearson Prentice Hall, 2006.

ZARIFIAN, Philippe. *Objetivo competência*: por uma nova lógica. São Paulo: Atlas, 2001.

# Os autores

**Reinaldo Faissal**

Mestre em gestão empresarial pela Escola Brasileira de Administração Pública e de Empresas (Ebape) da Fundação Getulio Vargas (FGV), especialista em docência superior pelo Instituto Superior de Estudos Pedagógicos (Isep) e bacharel em administração de empresas pela Federação das Faculdades Celso Lisboa. Consultor com 40 anos de atuação em empresas nacionais e multinacionais, possui formação em provas situacionais para seleção e em grafologia. Professor convidado do FVG Management.

**Antônio Eugênio Valverde Mariani Passos**

Mestre em Psicologia pela Universidade do Estado do Rio de Janeiro (Uerj), especialista em desenvolvimento de recursos humanos pela Universidade Federal do Rio de Janeiro (UFRJ) e bacharel em psicologia pela Universidade Federal da Bahia (UFBA). Sua experiência profissional inclui: chefia de seleção de pessoal da Uni-Rio, atuação como psicólogo do Departamento de Recursos Humanos do Sesi-BA, atuação como analista de recursos humanos da Mesbla S/A e pesquisa na área de técnicas de seleção. Professor convidado do FVG Management, professor assistente do curso de graduação em administração da UFRJ.

### Márcia da Costa Furtado de Mendonça

Mestre em gestão empresarial pela Escola Brasileira de Administração Pública e de Empresas (Ebape) da Fundação Getulio Vargas (FGV), especialista em psicologia do trabalho pela FGV, especialista gestão empresarial pela Universidade Federal do Rio de Janeiro (UFRJ), bacharel em psicologia pela UFRJ e em administração de empresas pelo Centro Universitário Metodista Bennett. Participou de cursos e congressos no Brasil e no exterior. Tem 35 anos de experiência em gestão de recursos humanos, ocupando funções gerenciais em empresas privadas e em estatal. Professora convidada do FVG Management desde 1982. Consultora e instrutora de empresas. Foi diretora da Associação Brasileira dos Profissionais de Recursos Humanos, seção Rio de Janeiro (ABRH/RJ) de 1989 a 1991.

### Walnice Maria da Costa de Almeida

Mestre em psicologia organizacional e social do trabalho pela Universidade de Brasília (UnB), especialista em planejamento, administração e desenvolvimento de recursos humanos pela Universidade Federal de Goiás (UFGO), especialista em jogos empresariais pelo Serviço Nacional de Aprendizagem Industrial (Senai/DF) e bacharel em psicologia pela UnB. É professora convidada do FVG Management e consultora na área de gestão de pessoas em empresas públicas e privadas.